Actitudes cristianas de la familia

Coleccción «PASTORAL»

55

Movimiento Familiar Cristiano

Actitudes cristianas de la familia

Temario para grupos

Editorial Sal Terrae
Santander

Polígono de Raos, Parcela 14-I
39600 Maliaño (Cantabria)
Fax: (942) 36 92 01
E-mail: salterrae@salterrae

Diseño de cubierta:
«IDEM» (Santander)

Con las debidas licencias
Impreso en España. Printed in Spain
ISBN: 84-293-1207-2
Dep. Legal: BI - 7 - 97

Fotocomposición:
Sal Terrae
Impresión y encuadernación:
Grafo, S.A. - Bilbao

Índice

SIGLAS

CA: Juan Pablo II, Carta Encíclica *Centesimus annus,* (1991).

CDF: Carta de los derechos de la familia (Santa Sede, 1983).

CEE, 1976:
Declaración de la Comisión Permanente de la Conferencia Episcopal Española: *Los planteamientos actuales de la enseñanza,* 24 de septiembre de 1976.

CEEC, 11.6.79:
Comisión Episcopal de Enseñanza y Catequesis: Orientaciones Pastorales sobre *La Enseñanza Religiosa Escolar,* 11 de junio de 1979.

CEEC, 1989:
Comisión Episcopal de Enseñanza y Catequesis, *Los católicos y la educación en España hoy,* 1989.

CIgC: *Catecismo de la Iglesia Católica* (1992).

DH: Concilio Vaticano II, Declaración *Dignitatis humanae,* sobre la libertad religiosa.

FC: Juan Pablo II, Exhortación Apostólica *Familiaris Consortio,* sobre la misión de la familia cristiana en el mundo actual, 1981.

GE: Concilio Vaticano II, Declaración *Gravissimum educationis,* sobre la educación cristiana.

GS: Concilio Vaticano II, Constitución pastoral *Gaudium et Spes,* sobre la Iglesia en el mundo actual.

IE: Comisión Episcopal de Migraciones, *La inmigración en España: desafío a la sociedad y a la Iglesia* (Mayo 1995).

IP: Comisión Episcopal de Pastoral Social, *La Iglesia y los pobres* (1994).

LE: Juan Pablo II, Carta Encíclica *Laborem Exercens* (1981).

LG: Concilio Vaticano II, Constitución *Lumen Gentium,* sobre la Iglesia.

MD: Juan Pablo II, Carta Apostólica *Mulieris dignitatem,* sobre la dignidad y vocación de la mujer (1988).

OA: Pablo VI, Carta Apostólica *Octogesima adveniens* (1971).

RN: León XIII, Carta Encíclica *Rerum novarum* (1891).

RP: Juan Pablo II, Exhortación Apostólica *Reconciliatio et poenitentia* (1984).

SD: Juan Pablo II, Carta apostólica *Salvifici doloris* (1984).

SRS: Juan Pablo II, Carta Encíclica *Sollicitudo rei socialis* (1987).

Presentación

Presentamos diez temas de reflexión familiar sobre las actitudes que, inspiradas por la conciencia y los principios cristianos, deben cultivar los creyentes.

Revisar nuestras actitudes

En nuestro mundo es patente la crisis de vigencia social de los valores cristianos. Acosados o seducidos, engañados o atraídos, muchos cristianos, en lugar de ser sal y luz del mundo, nos dejamos penetrar por la influencia de otros valores incompatibles con nuestra fe.

En la encíclica *Veritatis Splendor* (1993), Juan Pablo II denuncia la situación de ruptura interior de muchos cristianos que no viven según su fe: «Esta separación [entre fe y moral] constituye una de las preocupaciones pastorales más agudas de la Iglesia en el presente proceso de secularismo, en el cual muchos hombres piensan y viven "como si Dios no existiera". Nos encontramos con una mentalidad que abarca —a menudo de manera profunda, vasta y capilar— las actitudes y comportamientos de los mismos cristianos, cuya fe se debilita y pierde la propia originalidad de nuevo criterio de interpretación y actuación para la existencia personal, familiar y social. En realidad, los criterios de juicio y de elección seguidos por los mismos creyentes se presentan frecuentemente —en el contexto de una cultura ampliamente descristianizada— como extraños e incluso contrapuestos al Evangelio. Es, pues, urgente que los cristianos descubran la *novedad de su fe y su fuerza de juicio* ante la cultura dominante que todo lo invade» (88).

Apoya el Papa esta urgente necesidad en la llamada de san Pablo:

> «En otro tiempo fuisteis tinieblas, mas ahora sois luz en el Señor. Vivid como hijos de la luz, pues el fruto de la luz consiste en toda bondad, justicia y verdad. Examinad qué es lo que agrada al Señor, y no participéis en las obras infructuosas de las tinieblas; antes bien, denunciadlas... Mirad atentamente cómo vivís; que no sea como imprudentes, sino como prudentes, aprovechando bien el tiempo presente, porque los días son malos» *(Ef 5,8-11.15-16).*

Proponemos hacer aquí una reflexión sobre este fenómeno, centrada en diez puntos de gran actualidad.

Origen del temario

El *Movimiento Familiar Cristiano* ofrece este material como respuesta a una necesidad sentida en los órganos de decisión del Movimiento. Ya en octubre de 1992, la Comisión Ejecutiva Nacional acordó elaborar un temario sobre «Actitudes Cristianas de la Familia». Pendiente de realización, esta iniciativa fue asumida por los actuales Presidentes Nacionales en la declaración de intenciones que presentaron a la Asamblea Nacional de abril de 1995, en la que fueron reelegidos para un trienio. La Comisión Ejecutiva Nacional, en junio del mismo año, asumió de nuevo este compromiso al aprobar los objetivos y acciones para el curso 1995-96. Durante este curso se han dado los pasos que nos permiten ofreceros hoy, pocos meses después, este libro de trabajo.

Propuesto el objetivo general del temario, la selección de los diez temas concretos se hizo por sondeo entre el amplio equipo de redacción, formado por el Equipo de Presidencia nacional y las diócesis de Granada, Murcia y Zaragoza. Este modo de selección de los temas explica la variedad de los mismos y la dificultad consecuente de una interrelación entre ellos. Es difícil la ordenación lógica de los mismos. Habrá que tomarlos como unidades que tratan de dar la visión cristiana sobre diez asuntos que tienen en común —eso sí— la actualidad e importancia y la gravedad con que interpelan a la conciencia cristiana. Pero, como son temas que no se presentan en un orden lógico, el grupo puede ir tratándolos en el orden que le parezca mejor, según sus propios intereses o necesidades.

Dinámica de las reuniones

Cada uno de los diez temas seleccionados se presenta para que sea objeto de dos reuniones de grupo. Esto se sugiere como regla general, aunque el ritmo de un grupo concreto puede imponer otro criterio. De estas dos reuniones, la primera está dedicada a ver y analizar la situación: los hechos y sus causas y las actitudes que se dan sobre el tema propuesto. La segunda se dedica a profundizar en la Palabra de Dios y la doctrina de la Iglesia sobre el punto tratado, para que lo juzguemos con ojos cristianos y asumamos los compromisos necesarios para cambiar nuestras actitudes no cristianas, fortalecer las actitudes rectas y tratar de cambiar la realidad que nos circunda.

Se sigue, pues, un esquema habitual en los equipos del MFC, con los tres pasos del *ver, juzgar y actuar,* cuya eficacia formativa está probada, y que fueron asumidos también hace años por el Magisterio de la Iglesia: «Los principios generales de una doctrina social se llevan a la práctica comúnmente mediante tres fases: primera, examen completo de la verdadera situación de las cosas; segunda, valoración exacta de dicha situación a la luz de los principios; y tercera, determinación de lo posible y obligatorio para aplicar los principios de acuerdo con las circunstancias de tiempo y lugar. Son tres fases de un mismo proceso que suelen expresarse con estos tres verbos: ver, juzgar y actuar» (Juan XXIII, *Mater et magistra* [1961], 236). "Aprenda el laico, poco a poco y con prudencia, a verlo, a juzgarlo y a hacerlo todo a la luz de la fe" *(AA, 29).*

De la unión de la realidad y de la voluntad de Dios, de los hechos y de los principios, de la vida y la doctrina, de la práctica y de la teoría, de lo que es y de lo que debe ser, del ver y del juzgar..., brota el actuar. Y todo actuar que no surja de esta unión lleva en sí la ineficacia, la inutilidad, la pérdida de tiempo. Una veces falta la realidad. Entonces «las respuestas que no proceden de un espíritu fecundado por un verdadero problema son respuestas que, literalmente, no responden a nada» (Y. Congar). Si falta la atención a la voluntad de Dios, se cumple lo que enseñó Pablo VI: «Ciertamente, el hombre puede organizar la tierra sin Dios; pero, al fin y al cabo, sin Dios no puede menos de organizarla contra el hombre. El humanismo exclusivo es un humanismo inhumano» *(PP, 42).*

La reunión

Mucho depende de la actitud de escucha y diálogo profundo y sincero que se logre en la reunión. Ni el ambiente fácil de tertulia superficial ni la autocomplacencia en nuestras aportaciones ni el diletantismo son el clima de la reunión que os proponemos. Así no se llega a la necesaria, dura y profunda conversión personal y conyugal que nos lleve desde las actitudes impuestas por la moda o el ambiente a las actitudes que nacen de un corazón unido a Dios. «No os ajustéis a este mundo, sino transformaos por la renovación de la mente, para que sepáis discernir lo que es la voluntad de Dios, lo bueno, lo que le agrada, lo perfecto», nos pide la Palabra de Dios *(Rm 12,2).*

La oración

Para las dos reuniones se ofrece material de oración. El equipo del MFC, como cualquier grupo cristiano, debe tener en sus reuniones momentos de oración. Ofrecemos ayudas para una breve oración inicial y para otro momento más amplio de oración final. Éste es el esquema, aunque habrá grupos que prefieran usar estos materiales de manera diferente, según su trayectoria y experiencia propia. Lo importante o, mejor, lo imprescindible es que el equipo, pequeña comunidad cristiana, haga espacio a la oración.

Antes de la reunión

Recordamos que la eficacia de la reunión depende en gran medida de la preparación del tema que se haga previamente a nivel personal y de pareja. Pero la reflexión personal y el diálogo conyugal sobre el tema no deben pensarse sólo como preparación de la reunión; tienen una finalidad en sí mismos. El estudio personal sirve para el avance de cada uno como persona, conociendo la realidad y conociéndose a sí mismo, profundizando en las propias actitudes y motivaciones más profundas. El individualismo es enemigo de la comunidad conyugal, pero no el personalismo: los cónyuges, para formar una verdadera comunidad de vida y de amor, deben ser verdaderas personas.

Los destinatarios

Ofrecemos este material a los equipos y a los grupos en promoción del MFC. Los ofrecemos también como un servicio a grupos de otros movimientos, tanto de matrimonios como de novios e incluso de adultos y jóvenes. Pero siempre hemos pensado, al redactarlos, en las familias cristianas completas que, a través de este medio, pueden encontrar una nueva ocasión para reafirmar su diálogo y oración común y, a través de ellos, progresar en una verdadera vida cristiana familiar. Por eso, las actitudes a que nos referimos son las actitudes de la familia, de sus miembros, sobre asuntos que le afectan gravemente.

Si la preparación del temario, seguida del trabajo de los grupos, nos hace a cada uno asumir unas actitudes más cristianas y tratar de mejorar el clima social con el fermento del Evangelio, todos quedaremos bien ante nuestra conciencia y ante el Señor.

Noviembre 1996

1
El uso del dinero

Objetivos

1. Tomar conciencia de nuestra responsabilidad a la hora de administrar el dinero.
2. Reflexionar sobre los problemas que se plantean en nuestra familia y en nuestro entorno por causa del dinero, y analizar sus causas.
3. Cambiar aquellas actitudes negativas que hemos descubierto en nosotros a la luz del Evangelio y de la Doctrina de la Iglesia.
4. Plantearnos si la familia educa en la austeridad.

Presentación del tema

Pocos elementos han sido tan determinantes como el dinero en la historia de la humanidad. En su nombre se han cometido las mayores fechorías y se han llevado adelante las mayores hazañas. «Poderoso caballero es Don Dinero», decían nuestros clásicos. Y su poder es realmente tal que su consecución, uso y abuso influye en todos los ámbitos de la vida social, política y económica de los pueblos. Y, en este caso, nos interpela y cuestiona en el terreno de nuestra vida personal y familiar.

PRIMERA REUNIÓN: MIRAMOS Y JUZGAMOS

«Señor, mi corazón no es ambicioso,
ni mis ojos altaneros;
no pretendo grandezas
que superan mi capacidad.
Yo acallo y modero mis deseos,
como un niño en brazos de su madre»
(Sal 49)

1. Los hechos y sus causas

1.1. *La sociedad de consumo.* Quizás el rasgo más característico de esta sociedad moderna en que vivimos es el que la identifica como sociedad de consumo. El consumismo es un fenómeno ambivalente que tiene cosas positivas y cosas negativas. Desde el punto de vista científico, técnico, comercial, etc., puede significar trabajo, organización, mayor producción, desarrollo, etc. Todo eso es bueno, y el acceso de todos al consumo también es un logro: lo que antes era accesible únicamente a unos cuantos privilegiados, ahora está al alcance de muchos. Pero el gran riesgo de la sociedad de consumo es, por un lado, la manipulación de las masas por parte de los que quieren sacar partido de ese consumo y, por otro, el que, convertido en masa, el hombre no sea capaz de sustraerse a esa manipulación y termine siendo esclavo del consumo.

Con ello cambia la escala de valores, anteponiéndose lo material a lo humano. La sociedad consumista da más importancia al *tener* (cosas) que al *ser* (personas). Promueve el acaparamiento y abandona la humanización. Se olvida del hombre y del compartir con los demás, a pesar de que se habla de solidaridad por todas partes.

1.2. *Cambio en la familia española.* Coincidiendo con la década 1960-70, la del mayor desarrollo industrial en España, la familia española asimiló rápidamente los rasgos característicos de las sociedades industriales consumistas que la habían precedido en Europa: mayor confort; aparición de necesidades nuevas; disminución del número de hijos en favor de la calidad de vida de los mismos; disyuntiva entre el trabajo femenino fuera del hogar y la maternidad; etc.

La familia tradicional, condicionada por sus circunstancias económicas, era austera y trabajadora y respetaba unos valores que se anteponían al beneficio material: «pobres pero honrados». La sociedad ha cambiado de criterios a un ritmo vertiginoso: «yuppies», cultura del «pelotazo», etc.; y la familia no se ha quedado atrás. A los hijos les compramos hoy zapatillas de marca, se les consiente gastar más de lo que la familia se puede permitir y se les llena de caprichos que se confunden con «calidad de vida». La familia se vuelve hedonista y gastadora.

Tradicionalmente, el hombre solía tomar las decisiones económicas respecto de las compras importantes. La mujer se limitaba a la economía doméstica. Ahora esa división no es tan frecuente, porque las parejas jóvenes deciden indistintamente o de mutuo acuerdo.

2. Actitudes

Muchas pueden ser las actitudes que adoptan las familias respecto del uso del dinero y la educación de los hijos en este tema. Hacemos referencia a algunas de las más representativas.

1. Familias de ingresos altos, que dan por supuestos los bienes básicos y se plantean exigencias de calidad. Derrochan. Les gusta llamar la atención con su disponibilidad de dinero. Se consideran personas VIP, ejecutivos que viajan en clase «bussiness» y compran servicios considerados de «alto standing». Anuncian así su posición social y atraen las relaciones que necesitan para sus negocios.

2. Pertenecen a la clase media, pero les gusta aparentar. No suelen prescindir de los gastos superfluos que el ambiente en que se mueven les solicita. Gastan en ello muchas veces lo necesario para atender a los bienes básicos de subsistencia. Creen que el dinero es la puerta de todo, sin percibir que sirve para tener «amistades» que dejan de serlo cuando el dinero desaparece. Sus hijos viven en un mundo en el que los interrogantes se responden con la evasión y el consumismo.

3. Sus ingresos son muy modestos. De vez en cuando, un trabajo temporal les proporciona un dinero extra que se gasta rápidamente. Viven al día y no contemplan el ahorro. No están contentos con su suerte y envidian la situación de los que tienen más. Con frecuencia, el marido increpa injustamente a la mujer, la cual, a su vez, le echa en cara a aquél el que haya empleado el dinero en un capricho cuando había una deuda pendiente que saldar. Cuando ella compra algún vestido, engaña a su marido diciendo que le ha costado menos. La niña, que ha acompañado a su madre en la compra, aprende a mentir. Los dos usan su tarjeta de crédito sin pensar en las repercusiones.

4. Se han casado hace un par de años. Los dos tienen una carrera universitaria, pero han conseguido trabajo en poblaciones diferentes. Su vida

conyugal se reduce al fin de semana. Les gustaría tener un hijo y se están planteando el que uno de ellos solicite la excedencia en su trabajo por algún tiempo para poder atenderlo. Hicieron una hipoteca para pagar el piso en el que viven, y necesitan el sueldo de los dos. Deciden dejar para más adelante su posible paternidad.

5. El dinero es para ellos una fuente permanente de conflictos. Los dos trabajan, y cada uno administra su dinero como quiere, pero nunca hablan ni se ponen de acuerdo con respecto al posible ahorro, las inversiones, el dinero que deben dar a los hijos, etc. Saben, por la experiencia de alguna pareja amiga, que muchos divorcios tienen su origen en un montón de billetes. A él, en el fondo, le fastidia que su mujer gane más, y no pierde ocasión de demostrarlo haciendo ver lo mal que ella administra su dinero.

6. Sus padres han perdido poco tiempo con él. Desde pequeño lo han aparcado frente al televisor, le han dado todo lo que ha querido, porque así entendían su calidad de vida, y le han enseñado a consumir sin medida. Su concepto del éxito pasa por tener dinero: «tanto tienes tanto vales...» La elección de su carrera la ha orientado en base a lo que puede ganar con ella, no por sus aptitudes personales ni por su posible rendimiento social. La familia funciona para él como una pensión. Pasa factura de los trabajos que realiza en casa, porque la gratuidad de la ayuda no encaja en sus criterios. No le importa suspender ni tiene prisa por ganarse la vida de forma independiente.

7. Viven en el medio rural. Hace unos años, la muerte de los abuelos los enfrentó por razones de reparto del patrimonio con la familia de su hermano. Desde entonces no se hablan. Les gusta

que en el pueblo se sepa que tienen dinero, y acaban de equipar una cocina que les ha costado dos millones. No la emplean, porque hacen la vida en el piso de abajo, pero la enseñan a sus amistades. Sus hijos tienen que llevar siempre «mil duros en el bolsillo». Esta última campaña han hecho un buen negocio contratando temporeros para la recogida de la fruta a muy bajo precio, aprovechando el elevado número de inmigrantes que se ofrecían.

8. Viven austeramente y han intentado educar a sus hijos en esa línea. Los padres prescindieron de las horas extra para poder estar más tiempo con ellos. Les acostumbraron a pequeñas renuncias: chucherías a cualquier hora, marcas de zapatillas y ropa cara. Mensualmente entregaban ese dinero para ayudar a los que no tenían nada.Tienen una casa en el pueblo, heredada de los abuelos, que comparten con algunos amigos que no disponen de un lugar donde pasar las vacaciones. Hace poco tiempo que el padre está en el paro, y todos los miembros de la familia se han planteado cómo colaborar para hacer frente a la nueva situación.

9. Pertenecen a una cooperativa hortofrutícola. Este año, la cosecha ha sido abundante, y el precio de la fruta, sujeto a la ley de la oferta y la demanda, ha caído considerablemente. Han recibido instrucciones de arrojar al vertedero los excedentes para mantener los precios. Piensan plantear en la reunión alternativas para que esa fruta se utilice en favor de los más necesitados, pero ello supone demasiadas molestias y enfrentamientos. Al final, la fruta va al vertedero.

10. Tiene una pequeña empresa, y hace unos años que está satisfecho de los beneficios. Se está

Si supieran
cuanto los amo,
llorarían de alegría.

planteando una ampliación que proporcionará unos cuantos puestos de trabajo. Sabe que en la localidad donde está la fábrica hay bastantes familias en paro. A la vez piensa en los problemas que pueden surgir de esa ampliación. Él ya puede vivir tranquilo con lo que ahora le rinde. Decide no complicarse la vida.

3. Cuestionario

1. ¿Qué importancia tiene el dinero en mi jerarquía de valores? ¿Y en la de nuestra familia?
2. ¿Somos capaces de controlar los gastos ajustándonos a nuestras posibilidades, o vivimos desbordados porque gastamos siempre más de lo que realmente podemos?
3. ¿Qué prioridades mantenemos en los gastos habituales: formación de los hijos, inversiones, ahorro, viajes, regalos, donativos...?
4. ¿Cómo enfocamos el uso del dinero en la educación de nuestros hijos?
5. ¿Cuánto, cómo y a quién ayudamos con nuestros ingresos?

4. Para la oración

4.1. Leer, reflexionar y comentar el siguiente texto bíblico:

> «Quien ama el dinero no se harta de él,
> y para quien ama riquezas no bastan ganancias.
> También esto es vanidad.
>
> A muchos bienes, muchos que los devoren;
> ¿y de qué más sirven a su dueño
> que de espectáculo para sus ojos?

Dulce el sueño del obrero,
coma poco o coma mucho;
pero al rico la hartura no le deja dormir.

Hay un grave mal que yo he visto bajo el sol:
riqueza guardada para su dueño
y que sólo sirve para su mal,
pues las riquezas perecen en un mal negocio,
y cuando engendra un hijo,
nada queda ya en su mano.

Como salió del vientre de su madre,
desnudo volverá, como ha venido;
y nada podrá sacar de sus fatigas
que pueda llevar en la mano.

También esto es grave mal:
que tal como vino, se vaya;
¿y de qué le vale el fatigarse para el viento?»

(Qo 5,9-15)

4.2. Oración comunitaria

4.3. Recitar juntos el siguiente himno:

«Libra mis ojos de la muerte;
dales la luz que es su destino.
Yo, como el ciego del camino,
pido un milagro para verte.
Haz de esta piedra de mis manos
una herramienta constructiva;
cura su fiebre posesiva
y ábrela al bien de mis hermanos.

Que yo comprenda, Señor mío,
al que se queja y retrocede;
que el corazón no se me quede
desentendidamente frío.

Guarda mi fe del enemigo
(¡tantos me dicen que estás muerto...!)
Tú que conoces el desierto,
dame tu mano y ven conmigo. Amén»

(Liturgia de las Horas)

SEGUNDA REUNIÓN: CON OJOS Y CORAZÓN CRISTIANOS

«El que procede con rectitud
y se comporta honradamente...
el que no presta a usura su dinero
ni acepta soborno contra el inocente...:
quien así procede vivirá siempre seguro»
(Sal 15)

Abordamos la segunda reunión sobre el uso del dinero. Hemos visto en la anterior cuáles son nuestras actitudes habituales. Ahora tratamos de juzgarlas a la luz de la Palabra de Dios y del magisterio de la Iglesia. Aceptar la luz de la Palabra en este punto requiere mucha sinceridad. Puede pedirnos el Señor niveles de desprendimiento y austeridad que exijan un cambio profundo del corazón. Pero el corazón de los hijos de Dios ya fue cambiado en un «corazón de carne», triturando el «corazón de piedra».

1. El uso del dinero en la Sagrada Escritura

Muchos son los mensajes de la Sagrada Escritura, y especialmente del Evangelio, donde se nos plantea cómo el mal uso del dinero no es compatible con una vida auténticamente cristiana:

> «Más vale poco con justicia que muchas ganancias con injusticia» *(Prov 16,8)*.
>
> «¡Ay de quienes hacen de manera que sus casas se acumulen, de los que juntan campo a campo hasta ocupar todo el lugar y quedar como los únicos establecidos en el país!» *(Is 5,8-9)*.
>
> «No alleguéis tesoros en la tierra, donde son consumidos por la polilla y el orín y donde son robados por los ladrones, que horadan las paredes de las casas.

Atesorad tesoros en el cielo: allí ni la polilla ni el orín los comen, ni hay ladrones que horaden las paredes para robar» *(Mt 6,19-20).*

Parábolas como la del rico Epulón y el pobre Lázaro (Lc 16,19-26) o la del rico insensato (Lc 12,13-22); la invitación de las bienaventuranzas: «Bienaventurados los pobres...» y las amenazas que se relatan después: «¡Ay de vosotros, los ricos, porque ya habéis recibido vuestro consuelo! ¡Ay de los que ahora estáis satisfechos, porque tendréis hambre!» *(Lc 6, 24-26);* afirmaciones como la de que «es más difícil que pase un camello por el ojo de una aguja que entre un rico en el reino de los cielos» *(Mc 10,17-32)...* sirven de llamada de atención en este tema. San Pablo concreta:

«Puesto que sobresalís en todo: en fe, en elocuencia, en ciencia, en toda clase de solicitud y hasta en el cariño que os profesamos, sed también los primeros en esta obra de caridad. No digo esto como una orden, sino para que, a la vista de la solicitud de los demás, pueda yo comprobar la autenticidad de vuestro amor. Pues ya conocéis la generosidad de Nuestro Señor Jesucristo, el cual, siendo rico, se hizo pobre por vosotros para enriqueceros con su pobreza... Y tampoco se trata de que, para alimentar a otros, vosotros paséis estrecheces, sino de que, según un principio de igualdad, vuestra abundancia remedie en este momento su pobreza, para que un día su abundancia remedie vuestra pobreza. De este modo reinará la igualdad, como dice la Escritura: "A quien recogía mucho no le sobraba; y al que recogía poco no le faltaba"» *(2 Cor 8,7-10.13-15).*

Pero es en los Hechos de los Apóstoles donde se nos plantea con más intensidad la vivencia del estilo de vida cristiano en lo que respecta al uso del dinero:

«Todos los creyentes vivían unidos y lo tenían todo en común. Vendían sus posesiones y haciendas y las distribuían entre todos, según las necesidades de cada

> uno. Unánimes y constantes, acudían diariamente al templo, partían el pan en las casas y compartían los alimentos con alegría y sencillez de corazón» *(Hch 2,44-47).*
>
> «El grupo de los creyentes pensaban y sentían lo mismo, y nadie consideraba como propio nada de lo que poseía, sino que tenían en común todas las cosas. Por su parte, los apóstoles daban testimonio con gran energía de la resurrección de Jesús, el Señor, y todos gozaban de gran estima. No había entre ellos necesitados, porque todos los que tenían hacienda o casas las vendían, llevaban el precio de lo vendido, lo ponían a los pies de los apóstoles, y se repartía a cada uno según su necesidad» *(Hch 4,32-36).*

2. Doctrina Social de la Iglesia

La Doctrina Social de la Iglesia contiene numerosos mensajes que pueden motivarnos para un uso adecuado del dinero.

> «Dios destinó la tierra y todo lo que en ella se contiene para uso de todos los hombres y pueblos, de manera que los bienes creados equitativamente deben afluir a todos, bajo la dirección de la justicia y en compañía de la caridad» *(GS, 69).*
>
> «Los que han recibido de Dios mayor abundancia de bienes, ya sean corporales o externos, ya internos y espirituales, los han recibido para que con ellos atiendan a su propia perfección y, al mismo tiempo, como ministros de la divina Providencia, al provecho de los demás. Por lo tanto, el que tenga talento, cuide de no callar; el que abunde en bienes, cuide de no ser demasiado duro en el ejercicio de la misericordia; quien posea un oficio del que vivir, afánese por compartir su uso y utilidad con el prójimo» *(RN, 36).*

«Con el crecimiento demográfico, sobre todo en las naciones jóvenes, el número de aquellos que no llegan a encontrar trabajo y se ven reducidos a la miseria o al parasitismo irá aumentando en los próximos años, a no ser que un estremecimiento de la conciencia humana provoque un movimiento general de solidaridad por una política eficaz de inversiones, de organización de la producción y de los mercados, así como de la formación adecuada» *(OA, 18)*.

«El ejercicio de la solidaridad dentro de cada sociedad es válido sólo cuando sus miembros se reconocen unos a otros como personas. Los que cuentan más, al disponer de una porción mayor de bienes y servicios comunes, han de sentirse responsables de los más débiles, dispuestos a compartir con ellos lo que poseen» *(SRS, 39)*.

«Es necesario recordar una vez más aquel principio peculiar de la doctrina cristiana: los bienes de este mundo están originariamente destinados a todos. El derecho a la propiedad privada es válido y necesario, pero no anula el valor de tal principio. En efecto, sobre ella grava una "hipoteca social", es decir, posee una cualidad intrínseca, una función social fundada y justificada precisamente sobre el principio del destino universal de los bienes» *(SRS, 42)*.

3. Formas de orientar el uso del dinero

La historia está llena de testimonios de pobreza evangélica vivida al máximo. Francisco y Clara de Asís revolucionaron el mundo medieval. En nuestro tiempo, la *Madre Teresa de Calcuta* alza su voz en medio de esta sociedad materialista. Recogemos algunos de sus pensamientos sobre este tema:

«Los ricos quieren a veces, ciertamente, compartir a su modo la desgracia de los demás; lo malo es que no dan hasta el punto de verse en apuros. La nueva generación, sobre todo los niños, comprenden mejor. Hay niños ingleses que hacen sacrificios para ofrecer una rebanada de pan a nuestros niños; niños daneses que hacen sacrificios para darles un vaso de leche diario; y niños alemanes que hacen sacrificios para proporcionarles alimentos vitaminados. He ahí formas de aprender el amor. Esos niños, cuando sean mayores, sabrán lo que es dar».

«Familias de la casta superior adoptan a los niños que nosotras recogemos en las calles: ciertamente esto es una revolución, cuando se piensa en los prejuicios de las castas... En este encuentro, el rico se hace mejor, ya que manifiesta el amor de Dios a los pobres, y el pobre se hace mejor por el amor que recibe del rico».

4. Cuestionario

1. ¿Me he planteado algún cambio de actitud respecto al consumo de cosas superfluas? ¿Cómo va a repercutir eso en mi obligación de compartir con los demás?

2. Nuestros planteamientos acerca del uso del dinero ¿se ajustan a lo que nos dice el Evangelio? ¿Cuáles pensamos que debemos cambiar?

3. ¿En qué aspectos del bien común de mi entorno tengo que plantearme el actuar? ¿De qué forma lo voy a hacer? ¿Con qué parte de mis bienes? ¿En qué voy a colaborar? ¿Cómo colaborar como matrimonio y familia?

4. ¿Qué criterios vamos a adoptar desde ahora en la educación de nuestros hijos? Reflexionad sobre puntos concretos en que vais a cambiar.

5. Para la oración

5.1. Leer, reflexionar y comentar este pasaje de la Palabra de Dios:

> «Cristo dio su vida por nosotros. Así hemos conocido lo que es el amor; nosotros debemos dar también la vida por los hermanos. Ahora bien, si quien nada en la abundancia ve que su hermano está necesitado y le cierra el corazón, ¿tendrá valor para decir que ama a Dios? Hijos míos, ¡obras son amores y no buenas razones! Ésta será la señal de que militamos en las filas de la verdad y de que podemos sentirnos seguros en presencia de Dios: que si alguna vez nos acusa la conciencia, Dios está muy por encima de nuestra conciencia y lo sabe todo» *(1 Jn 3,16-20).*

5.2. Oración comunitaria

5.3. Oración

«Señor, hazme comprender
que es poco lo necesario.
Y, sin embargo,
a pesar de saberlo,
me voy llenando de cosas y cosas.

Señor, estas ganas mías de tener de todo
me embotan la mente,
me hacen olvidarme de los otros.

Me contento con decir:
"Que se espabilen, que trabajen..."
Y me justifico,
y me lleno de todo,
y me olvido de todos.

Dame, Señor.
sensibilidad para dar,
dame fuerza para vivir con poco,
dame la felicidad que viene de la austeridad.

Dame, Señor,
el gusto de las bienaventuranzas:
"Dichosos los pobres,
dichosos los que no almacenan". Amén»

(Andrés Pardo)

BIBLIOGRAFÍA

1. J. LECLERCQ, *El cristiano ante el dinero,* Col. Yo sé, yo creo.

2. VATICANO II, Constitución pastoral *Gaudium et spes,* 69.

3. LEÓN XIII, Carta Encíclica *Rerum Novarum,* 1891.

4. PABLO VI, Carta Encíclica *Populorum Progressio,* 1967.

5. JUAN PABLO II, Carta Encíclica *Sollicitudo Rei Socialis,* 1988.

2
El trabajo y la profesión

Objetivos

1. Reflexionar sobre la naturaleza del trabajo humano.
2. Modificar nuestras actitudes egoístas en actitudes sociales y cristianas.
3. Intentar cambiar la realidad del mundo del trabajo, aportando valores éticos.

Presentación del tema

El trabajo es algo central en la vida del hombre. También lo es en la vida de la familia. Por eso es de gran importancia su estudio, ya que las actitudes que adopten los padres serán seguidas en gran medida por los hijos a lo largo de su vida.

Antiguamente, cuando la familia constituía también una unidad de producción, principalmente en las sociedades agrícolas, el trabajo era una parte muy importante de la vida de la familia. Hoy día, las cosas han cambiado mucho y, por lo general, los miembros de la familia realizan su trabajo fuera del ámbito familiar. Pero el impacto en la vida familiar es continuo y determinante.

El hecho de que los padres tengan o no un empleo, el tipo de trabajo que realicen, la ausencia del hogar que les exija, el talante que transmitan a los hijos sobre el trabajo y su escala de valores, la orientación a los hijos sobre su formación, elección de estudios o carrera, el espíritu de laboriosidad, honradez y servicio que se respire en el hogar, etc., son otros tantos elementos que van tejiendo unas actitudes que se transforman en comportamientos a lo largo de la vida.

PRIMERA REUNIÓN: MIRAMOS Y JUZGAMOS

«Regresa, desde el sueño, el hombre a su memoria,
acude a su trabajo, madruga a sus dolores;
le confías la tierra, y a la tarde la encuentras
rica de pan y amarga de sudores.
Y tú te regocijas, oh Dios, y tú prolongas
en sus pequeñas manos tus manos poderosas;
y estáis de cuerpo entero los dos así creando,
los dos así velando por las cosas»
(Liturgia de las Horas)

1. Los hechos y sus causas

1.1. *Qué es el trabajo.* «Trabajo» puede significar casi cualquier cosa, y por eso es muy difícil de definir. El Diccionario de la Lengua nos dice que trabajar es «ocuparse en cualquier ejercicio o actividad»; pero una segunda definición puntualiza: «esfuerzo humano aplicado a la producción de riqueza». Este aspecto de utilidad parece ser definitivo en las definiciones más detalladas que dan otros autores especializados en el tema. Es decir, una actividad que se hace ociosamente o por deporte no es propiamente trabajo, ya que éste debe reportar una utilidad valorable en producción de bienes o servicios.

1.2. *Trabajo y ser humano.* El trabajo lleva en sí el signo particular del hombre que lo realiza, el signo de la persona activa en medio de una comunidad de personas; este signo determina su característica interior y constituye en cierto sentido su misma naturaleza.

Pero, al mismo tiempo, el trabajo presenta múltiples caras que resultan paradójicas. Podemos ver en el trabajo, por una parte, fuerza liberadora y fuente de libertad capaz de otorgarle al hombre el dominio sobre las fuerzas de la naturaleza y, por otra parte, restricción de libertad y origen de esclavitud, al crearnos una obligación y una servidumbre insoportables. Puede significar un enriquecimiento humano y creativo, al desarrollar nuestras potencialidades, o un puro envilecimiento, debido a veces a su dureza y brutalidad, su monotonía y su rutina. Puede ser para unos fuente de poder sobre los demás, y para otros motivo de impotencia, dada la inhumanidad del sistema económico. Puede ser nivelador de las diferencias sociales, pero también creador de esas mismas diferencias...

Todas estas potencialidades se las damos al trabajo los hombres, que nos comportamos con relación a él de muy diversas formas. Hay, en efecto, una serie de interacciones entre el hombre y el trabajo, según la expresión de Karl Marx.

1.3. *El trabajo, antes y ahora.* Antiguamente se distinguía entre artes serviles y artes liberales. Las primeras —ejercidas por los siervos, y posteriormente por el pueblo— se referían generalmente al trabajo manual y eran lo que realmente se consideraba como trabajo. Las artes liberales, por su parte, eran desempeñadas por la burguesía, y posteriormente también por los nobles. Muchas veces se realizaban por puro entretenimiento.

Hoy, la gran mayoría de la gente vive de su trabajo, y los conocimientos han aumentado de tal manera que el número de profesiones y oficios ha crecido enormemente. Para la mayoría, por lo tanto, el trabajo se realiza a través del ejercicio de un oficio o de una profesión, para lo que ha necesitado un proceso más o menos largo y costoso de aprendizaje o formación.

Esta situación, propia de las sociedades avanzadas, eleva la condición del trabajador y le hace sentirse más útil a la sociedad y más solicitado por sus conocimientos y habilidades.

La situación contraria es cuando, de una forma despersonalizada, se utiliza mano de obra no cualificada, en trabajos agrícolas o industriales, siendo el trabajador utilizado simplemente como masa o fuerza laboral.

Todavía puede existir una situación más preocupante, que es la que actualmente se está dando en las sociedades industrializadas, en las que, debido a la revolución tecnológica y otros factores, el desempleo se ha convertido en un fenómeno estructural; es decir, el sistema económico es incapaz de crear empleo para los potenciales trabajadores, y ello de forma continuada.

Es la propia sociedad la que tiene que hacer frente a estos problemas y resolverlos con espíritu de solidaridad, ya que el trabajo, en nuestra cultura, es un derecho irrenunciable de toda persona, que de otra forma no puede encontrar un lugar en la sociedad o un papel que desempeñar entre sus semejantes.

1.4. *Las funciones del trabajo.* El trabajo cumple tres funciones muy importantes para la persona:

a) *Vía de acceso a la renta.* La inmensa mayoría de la población participa de la renta producida en la sociedad a través de su propia actividad remunerada o de la de una persona allegada.

b) *Forma de realización personal.* El sujeto se realiza actuando, y esta actuación es, sobre todo, su actividad laboral.

c) *Forma de integración social.* Quien no trabaja siente que la sociedad no le reconoce, porque no le ofrece un puesto en el que realizar su actividad.

2. Las actitudes más frecuentes en la sociedad

2.1. *De dónde provienen las diversas actitudes.* En la actitud que cada persona adopta en relación con su trabajo influyen muchas circunstancias y factores, algunos de los cuales tienen que ver con la naturaleza de la propia profesión o empleo. Aquel al que le gusta su trabajo y se realiza con él es un afortunado. Pero encuestas y estadísticas nos dicen que una gran mayoría de la población no está satisfecha de su trabajo, y muchos se quejan de falta de oportunidades, de mala suerte o de no haber aprovechado debidamente los años de su juventud. Asimismo, en relación con el trabajo de la mujer, la rapidez de los cambios sociales ha sido tan grande que muchas amas de casa se sienten frustradas por la escasa valoración que se hace de su trabajo, cuando en realidad no han tenido otra opción.

Otro aspecto muy importante es la consideración que se recibe en el trabajo, las condiciones laborales. Los expertos en relaciones laborales saben bien que la retribución no es el elemento decisivo para estimular el trabajo de los empleados. Hay otros muchos aspectos, más humanos y personales, que el trabajador agradece con su esfuerzo.

Existen otros factores absolutamente personales que marcan diversos comportamientos. La ambición desmedida, el egoísmo, el afán de lucro y de poder, el fraude, la falta de laboriosidad, por una parte, o la competencia profesional, la fidelidad a la empresa, el respeto a los demás, la honradez, el espíritu de servicio, etc., por otra, son las diversas caras que los hombres pueden presentar en su trabajo.

Con objeto de ver más claramente y valorar estas actitudes, a continuación presentamos una colección de actitudes típicas que se dan en nuestra sociedad. En la mayoría de los casos, estas actitudes se encuentran entremezcladas. Tratemos de descubrir entre ellas nuestras propias actitudes.

2.2. *Actitudes típicas*

1. Para él o para ella, la profesión es fundamentalmente un medio de vida. Es una persona trabajadora y práctica. Realiza su trabajo honradamente, pero no tiene grandes ambiciones. Cuando sale de su trabajo, se olvida completamente de él, para dedicarse a su familia y sus aficiones.
2. Le encanta su profesión. Es su forma de realización personal más satisfactoria. Se esfuerza por saber, por mejorar sus conocimientos y experiencia. Quiere estar permanentemente al día. Su trabajo le apasiona de tal forma que no hay para él o para ella un horario laboral. A cualquier hora puede estar trabajando, leyendo, estudiando o dándole vueltas a temas de su profesión. Le gustaría crear algo, dejar huella, y también que su trabajo fuera reconocido y apreciado.
3. Para él o para ella, la profesión es un servicio a la sociedad con el que desea hacer algo en beneficio de todos. Continuamente choca con la realidad y

se encuentra con injusticias, arbitrariedades, jefes ineptos o indolentes, compañeros que van a lo suyo, falta de solidaridad y responsabilidad... Muchas veces se desespera, pero mantiene la ilusión de que las cosas se pueden cambiar. Por su parte, trata de ser buen compañero/a, se preocupa de los problemas de los demás y busca el diálogo con jefes y compañeros. En general, no prospera mucho y se lleva muchos disgustos, pero la gente le aprecia.

4. Piensa que el trabajo es un castigo de Dios. Un castigo que hay que procurar eludir lo mejor que se pueda. Su modelo es el que consigue vivir bien trabajando poco. Presume ante sus amistades de trabajar menos incluso de lo que trabaja. Para él o para ella, el tiempo dedicado al trabajo es tiempo robado al disfrute de la vida.
5. Se rebela contra su situación como trabajador, que considera injusta socialmente. Es partidario de la lucha de clases y la practica a su manera limitando su propio trabajo, adoptando siempre una actitud pasiva y no facilitando las cosas a sus jefes. Reniega de sus compañeros que trabajan más que él o ella, y procura desanimarles. Sin embargo, no hace nada constructivo por mejorar las condiciones de trabajo, no se compromete en puestos representativos ni busca el diálogo con sus jefes.
6. Tiene un profundo sentimiento de que no ocupa el lugar que le corresponde. No le gusta su trabajo y se siente desplazado/a. Se queja frecuentemente de que no tuvo oportunidades para estudiar o formarse en la profesión que le habría gustado, o de que fue objeto de una gran injusticia. No tiene ilusión, está de vuelta de todo y se limita a cumplir, compadeciéndose continuamente a sí mismo/a.

7. Tiene grandes ambiciones. Su objetivo es prosperar y llegar cuanto antes a los puestos más altos. Para ello no repara en medios. Se apropia de méritos e ideas ajenas, engaña, oculta y es desleal tanto con la empresa como con sus compañeros. Se convierte en una persona peligrosa, de la que no puede uno fiarse. Su agresividad y sangre fría le lleva con frecuencia a tener éxito.

8. Es consciente de que su trabajo de ama de casa no está muy bien considerado actualmente. A veces se siente infravalorada por algunas de sus amigas y, lo que es peor, por su propia familia. Piensa que habría podido trabajar fuera de casa, pero también que sus hijos han sido afortunados por tenerla más tiempo en casa. Cuando mira atrás, cree que, después de todo, su trabajo ha sido importante y que algunos sacrificios han merecido la pena por el bien de la familia.

3. Cuestionario

1. ¿Qué actitudes típicas de las presentadas consideras más frecuentes? ¿Por qué? ¿Podrías añadir alguna otra?

2. ¿Cuáles crees que son tus actitudes dominantes entre ellas? ¿Y las de tu familia? ¿Y las del equipo? ¿Y las de tu ambiente?

4. Para la oración

4.1. Lectura, reflexión y diálogo sobre este pasaje de la Palabra de Dios:

«Si el Señor no construye la casa,
en vano se cansan los albañiles;
si el Señor no guarda la ciudad,
en vano vigilan los centinelas.
Es inútil que madruguéis,
que veléis hasta muy tarde,
que comáis el pan de vuestros sudores:
¡Dios lo da a sus amigos mientras duermen!»

(Salmo 126)

4.2. Oración comunitaria

4.3. Ofrecimiento del trabajo

«Padre, bajo tu mirada,
en unión con Jesús,
con la fuerza del Espíritu Santo,
me entrego al trabajo de esta jornada.

Haz que actúe con conocimiento y atención,
comprometiendo todo mi ser en la tarea,
unido a todos los hombres que trabajan.

Dame la alegría de ser útil,
el gozo de la honradez a toda prueba,
la dicha de mejorar el mundo,
obra de tus manos.

Lejos de mí la ociosidad y el hurto,
retoño del hombre viejo:
que el trabajo de este día
acreciente la juventud de mi alma
en la vida nueva a la que he nacido. Amén»

(Andrés Pardo)

SEGUNDA REUNIÓN: CON OJOS Y CORAZÓN CRISTIANOS

«Señor, que tu gracia inspire,
sostenga y acompañe nuestras obras,
para que nuestro trabajo
comience en ti como en su fuente
y tienda siempre a ti como a su fin»
(Liturgia de las Horas)

Introducción

En la primera parte tratamos de comprender mejor la naturaleza del trabajo humano, las funciones tan importantes que realiza y las distintas actitudes que las personas adoptamos frente a él. Seguramente habremos reflexionado sobre nuestras propias actitudes y habremos descubierto aspectos y circunstancias que nos han dado que pensar.

Ahora, en esta segunda parte, se trata de juzgar estas actitudes a la luz de la Palabra de Dios y de la Doctrina de la Iglesia. Nosotros los laicos, que pasamos tantas horas entregados a nuestro trabajo profesional, no podemos llamarnos cristianos si no hacemos de nuestro trabajo una forma de oración y acercamiento a Dios y de servicio a la sociedad y a nuestros hermanos.

1. Palabra de Dios y Doctrina de la Iglesia

En la Palabra de Dios «encontramos muchos contenidos dedicados al trabajo humano», comenzando «ya en el primer capítulo del libro del Génesis, que es en cierto sentido el primer "evangelio del trabajo"», afirma Juan Pablo II en *Laborem exercens* (25), la encíclica dedicada al trabajo que publicó en 1981, con ocasión del 90 aniversario de la *Rerum novarum* de León XIII. Es el mejor documento para profundizar en este tema, junto con el capítulo III de la Constitución *Gaudium et spes* del Vaticano II.

Extractamos a continuación algunos aspectos tomados de ambos documentos, que contienen, a su vez, abundantes citas de la Sagrada Escritura.

1.1. *El trabajo como participación en la obra del Creador*

«Una cosa hay cierta para los creyentes: la actividad humana, individual o colectiva, o el conjunto ingente de esfuerzos realizados por el hombre a lo largo de los siglos para lograr mejores condiciones de vida, considerado en sí mismo, corresponde a la voluntad de Dios» *(GS, 34).*

«El hombre, creado a imagen de Dios, mediante su trabajo participa en la obra del Creador y, según la medida de sus propias posibilidades, en cierto sentido continúa desarrollándola y completándola, avanzando cada vez más en el descubrimiento de los recursos y de los valores encerrados en todo lo creado» *(LE, 25).*

«El mensaje cristiano no aparta a los hombres de la edificación del mundo ni los lleva a despreocuparse del bien ajeno, sino que, por el contrario, les impone como deber el hacerlo» *(GS, 34).*

«Los cristianos, lejos de pensar que las conquistas logradas por el hombre se oponen al poder de Dios y que la criatura racional pretende rivalizar con el Creador, estén, por el contrario, persuadidos de que las victorias del hombre son signo de la grandeza de Dios y consecuencia de su inefable designio» *(GS, 34).*

«Procuren, pues, seriamente que por su competencia en los asuntos profanos y por su actividad, elevada desde dentro por la gracia de Cristo, los bienes creados se desarrollen según el plan del Creador y la iluminación de su Verbo, mediante el trabajo humano, la técnica y la cultura civil» *(LG, 36).*

1.2. *La actividad humana debe orientarse al bien del hombre*

«La actividad humana, así como procede del hombre, así también se ordena al hombre. Pues éste, con su acción, no sólo transforma las cosas y la sociedad, sino que se perfecciona a sí mismo» *(GS, 35).*

«Por tanto, ésta es la norma de la actividad humana: que, de acuerdo con los designios y la voluntad divinos, sea conforme al auténtico bien del género humano y permita al hombre, como individuo y miembro de la sociedad, cultivar y realizar íntegramente su plena vocación» *(GS, 35).*

Por tanto, según esta norma de origen divino, el trabajo debe estar orientado al bien del individuo que lo realiza y al bien de la humanidad toda.

En primer lugar, por el trabajo el hombre se perfecciona a sí mismo y puede cultivar y realizar íntegramente su propia vocación. Ello incluye la satisfacción por lo que supone de realización humana y la remuneración que le permite vivir de su trabajo. Ya el apóstol Pablo, que trabajaba con sus manos para no ser gravoso a sus hermanos, escribía: «Si alguno no quiere trabajar, que tampoco coma». Y también: «A éstos les mandamos y les exhortamos en el Señor Jesucristo a que trabajen con sosiego para comer su propio pan» *(2 Tes 3,10.12).* Asimismo, el *Salmo 128* nos dice: «Del trabajo de tus manos comerás». Todo ello establece una relación inequívoca entre el trabajo y la remuneración para el propio sustento.

En segundo lugar, el trabajo debe transformar las cosas y la sociedad, conforme al auténtico bien del género humano. Debemos dar a nuestro trabajo un sentido de servicio a la humanidad, colaborando en el desarrollo de los bienes, buscando la justicia en su distribución y ayudando a los demás con los bienes que hemos obtenido con nuestro trabajo. En esta línea nos dice el apóstol Pablo: «El que robaba, que ya no robe, sino que trabaje con sus manos haciendo algo útil para poder hacer partícipe al que se halle en necesidad» *(Ef 4,28)*. Y en otro lugar: «En todo os he enseñado que es así, trabajando, como se debe socorrer a los débiles, y que hay que tener presentes las palabras del Señor Jesús, que dijo: "Mayor felicidad hay en dar que en recibir"» *(Hch 20,35)*.

Este sentido de servicio debemos esforzarnos en verlo en nuestra propia actividad, por muy ordinaria, burocrática o técnica que nos parezca.

> «Porque los hombres y mujeres que, mientras procuran el sustento para sí y para su familia, realizan su trabajo de forma que resulte provechoso y en servicio de la sociedad, con razón pueden pensar que con su trabajo desarrollan la obra del Creador, sirven al bien de sus hermanos y contribuyen de modo personal a que se cumplan los designios de Dios en la historia» *(LE, 25)*.

1.3. *El trabajo como participación en la cruz de Cristo*

> «Existe todavía otro aspecto del trabajo humano, una dimensión suya esencial, en la que la espiritualidad fundada sobre el Evangelio penetra profundamente. Todo trabajo, tanto manual como intelectual, está unido inevitablemente a la fatiga» *(LE, 27)*.

> «Este dolor unido al trabajo señala el camino de la vida humana sobre la tierra y constituye el anuncio de la muerte: "Con el sudor de tu rostro comerás el pan hasta que vuelvas a la tierra, pues de ella has sido tomado"...» *(LE, 27).*

El dolor, la fatiga, la dificultad, el esfuerzo y la frustración son compañeros inseparables del trabajo en mayor o menor medida, según las circunstancias. Esto es algo que todos experimentamos día a día y que de ninguna manera podemos cambiar. Lo que sí podemos es darle un sentido cristiano:

> «El sudor y la fatiga que el trabajo necesariamente conlleva en la condición actual de la humanidad, ofrecen al cristiano y a cada hombre que ha sido llamado a seguir a Cristo la posibilidad de participar en el amor a la obra que Cristo ha venido a realizar... En el trabajo humano el cristiano descubre una pequeña parte de la cruz de Cristo y la acepta con el mismo espíritu de redención con que Cristo ha aceptado su cruz por nosotros» *(LE, 27).*

1.4. *El trabajo y la familia*

En la búsqueda del bien común por el trabajo, los casados deben tener muy en cuenta el bien de su propia familia. Por ello, todas las decisiones sobre dedicación, ausencias del hogar, viajes, cambios de ocupación y de destino, vacaciones y, en general, todas cuantas puedan afectar a la vida familiar, deben ser estudiadas y compartidas por ambos cónyuges e incluso por los hijos mayores, en su caso.

> «Es un hecho que en muchas sociedades las mujeres trabajan en casi todos los sectores de la vida. Pero es conveniente que ellas puedan desarrollar plenamente sus funciones según la propia índole, sin discrimina-

ciones y sin exclusión de los empleos para los que están capacitadas, pero al mismo tiempo sin perjudicar sus aspiraciones familiares y el papel específico que les compete para contribuir al bien de la sociedad junto al hombre» *(LE, 19)*.

Sin embargo, en una sociedad en la que cada vez se menosprecia más el trabajo doméstico y el cuidado de los hijos, «hay que esforzarse por la revalorización social de las funciones maternas, de la fatiga unida a ellas y de la necesidad que tienen los hijos de cuidado, amor y afecto para poder desarrollarse como personas responsables, moral y religiosamente maduras y psicológicamente equilibradas» *(LE, 19)*.

> «La verdadera promoción de la mujer exige que el trabajo se estructure de manera que no deba pagar su promoción con el abandono del carácter específico propio y en perjuicio de la familia, en la que, como madre, tiene un papel insustituible» *(LE, 19)*.

Pero también los maridos, padres de familia, deben esforzarse cada vez más por acompañar a su mujer en los trabajos domésticos que tradicionalmente han sido atribuidos a la mujer. De esta forma, el matrimonio, unido en el trabajo y en las responsabilidades domésticas y compartiendo por el diálogo los proyectos, ilusiones y preocupaciones del trabajo profesional, puede llegar a vivir una espiritualidad común en el trabajo que les haga unirse en la búsqueda de la voluntad de Dios y en la oración.

Ésta es, finalmente, la espiritualidad del trabajo que, por el testimonio y la palabra, debemos esforzarnos en transmitir a nuestros hijos.

2. Cuestionario

1. Tras el estudio de la Palabra de Dios y la Doctrina de la Iglesia, ¿qué características crees que debe tener la actitud cristiana ante el trabajo?
2. ¿Cuáles de estas características se dan en nosotros mismos, nuestra familia, equipo y ambiente?
3. ¿Reconoces valores cristianos en otras actitudes diferentes de las tuyas, las de tu familia, tu equipo, tu ambiente?
4. ¿En qué hemos de cambiar nuestras actitudes en el trabajo para que sean más cristianas?
5. ¿Qué propósitos o compromisos hacemos como persona, como familia y como equipo para adoptar una actitud más cristiana y transmitirla a nuestros hijos y nuestro ambiente?

3. Para la oración

3.1. Reflexionar y dialogar sobre este texto bíblico:

«Dios de nuestros padres,
que hiciste el universo con tu palabra
y con tu Sabiduría formaste al hombre,
para que dominase sobre los seres por ti creados
y administrase el mundo con santidad y justicia,
dame la Sabiduría.

Que soy un hombre débil
y, aunque uno sea perfecto
entre los hijos de los hombres,
si le falta la Sabiduría que de ti procede,
en nada será tenido.

Contigo está la Sabiduría,
que sabe lo que es agradable a tus ojos
y lo que es conforme a tus mandamientos.

Envíala para que a mi lado
participe en mis trabajos
y sepa yo lo que te es agradable,
pues ella todo lo sabe y entiende.

Ella me guiará prudentemente en mis empresas
y me protegerá con su gloria.
Entonces mis obras serán aceptables»

(Selección de *Sb 9,1-11*)

4.2. Oración comunitaria

4.3. Gracias por el trabajo

«Gracias, Señor, porque no nos falta el trabajo, ni el pan, ni la autoestima, ni la paz familiar de una casa donde se cuenta con el sobre mensual o los ingresos a su tiempo.

El trabajo nos da horas de fatiga, pero también satisfacciones. Nos acerca a Ti, Dios Creador y Padre, que dejas a nuestros esfuerzos la prolongación y el remate de tu obra. Nos hace útiles para los demás ciudadanos, destinatarios de nuestra producción o de nuestros servicios. Nos facilita el trato y la relación personal con los otros. Nos da seguridad económica y estabilidad psicológica.

Gracias, Señor, por el trabajo. No todo nos rueda bien en él, pero, sopesados los pros y los contras, tenemos motivos para sentirnos satisfechos.

Apiádate, Señor, de quienes no tienen trabajo, ni el pan seguro, ni la autoestima, tan necesaria como el pan. Apiádate de las familias con unas cuantas bocas que alimentar y sin un salario. Apiádate de los jóvenes, incluso bien preparados, a los que tanto toca sufrir en espera de su primer empleo, o de un empleo estable y de acuerdo con su preparación.

Pon humanidad, verdadero interés y afán de justicia en quienes tienen medios y poder para crear puestos de trabajo. Pon en los demás espíritu solidario para que estemos dispuestos a buscar soluciones, a compartir e incluso a "nivelar", si es preciso, tanto el tiempo de trabajo como el lucro obtenido de él. No permitas, Señor, que nuestra situación privilegiada nos lleve al egoísmo, a la cerrazón de ojos y a la dureza de corazón.

Ponemos nuestra vida laboral y nuestra vida entera en tus manos. Ponemos en tus manos a todos los trabajadores y a todas las familias del mundo. Amén»

(Jesús Mauleón)

BIBLIOGRAFÍA

1. CONCILIO VATICANO II, Constitución pastoral *Gaudium et Spes,* cap. III.
2. JUAN PABLO II, Carta Encíclica *Laborem Exercens* (1981).
3. REMY C. KWANT, *Filosofía del Trabajo*, Ediciones A. Carlos Lohlé, Buenos Aires 1967.
4. G. FRIEDMAN y P. NAVILLE, *Tratado de Sociología del Trabajo,* Fondo de Cultura Económica, México 1963.
5. ILDEFONSO CAMACHO, *La Crisis Actual como reto para los Creyentes*, PPC, Madrid 1994.

3
El dolor y la enfermedad

Objetivos

1. Aceptar y superar nuestros propios dolores.
2. Conseguir sensibilizarnos y ser solidarios con el dolor de los demás.
3. Tomar conciencia del valor salvífico del dolor humano.

Presentación del tema

El mundo del dolor es un mundo distinto. Lo contemplamos desde fuera en las imágenes de las catástrofes que aparecen en la TV, en la fotografía de la madre abrazando a su hijo muerto que ilustra el reportaje del corresponsal de guerra... Comentamos lo dura que debe de ser la situación del amigo que se ha quedado en paro, con los hijos aún pequeños, o la de ese otro que, en la plenitud de la vida, se ha quedado para siempre en una silla de ruedas a causa de un accidente. Surgen en nuestra mente palabras de condolencia o de sentimentalismo emotivo. Pero a veces, con más frecuencia de lo esperado, el dolor nos toca de cerca, nos alcanza en nuestra propia carne o en la de nuestros seres más queridos; y entonces, cuando pasamos a ser protagonistas, surge en nosotros la pregunta angustiosa: ¿Por qué a mí?; ¿por qué el sufrimiento de los inocentes?

El hombre sufre cuando experimenta cualquier mal. Un mal que es ausencia de un bien del que él no participa. Y esto lo experimenta de manera individual o colectiva («dolor del mundo»). En el transcurso de los tiempos, el dolor, la enfermedad, el sufrimiento, han sido para el hombre una carga difícil de superar. Unos lo han visto como un mal inherente al mismo hombre y, por consiguiente, prácticamente imposible de eludir; otros lo han considerado como un castigo de Dios; otros —como los santos— han visto en el dolor un medio para santificarse.

PRIMERA REUNIÓN: MIRAMOS Y JUZGAMOS

«Así que me puse a pensar para entenderlo,
pero me resultaba muy difícil.
Hasta que entré en los secretos de Dios,
y comprendí el destino que les aguarda»
(Sal 73)

1. Hechos y actitudes generales

Desde la asepsia científica de un laboratorio se puede teorizar sobre el dolor ajeno. Pero el sentimiento del dolor es personal y distinto en cada uno de nosotros, que debemos afrontarlo. Distinguimos el «dolor del cuerpo» del «dolor del alma». Hoy se llega incluso a comparar y medir la intensidad del dolor, y parece ser que los más intensos dolores de tipo moral —fases depresivas— son mayores que el más agudo dolor físico. Existe una gran variedad de dolores físicos que pueden mitigarse con medicinas; pero hay muchos otros de índole moral —muerte de un ser querido, falta de descendencia, hostilidad del ambiente, soledad, marginación, etc.— que sólo pueden aliviarse con la comunicación, la disponibilidad para con los que sufren, la generosidad y el amor.

Ante el dolor, pues, se abre un abanico de actitudes y opciones diversas, desde las de quienes se desesperan viendo la inutilidad del sufrimiento hasta las de quienes lo aceptan, lo asumen y lo ofrecen al Señor.

Todos conocemos testimonios de personas que, habiendo sido víctimas de alguna situación muy dura, se refieren a ella como algo que en principio provocó en ellas una actitud de rechazo, incomprensión y rebeldía.

Y sabemos de otros para quienes la vivencia con sentido cristiano de los momentos dolorosos ha constituido un factor de unión muy fuerte entre los miembros de su familia. La aceptación cristiana del dolor se convierte también en un valor educativo importante. Abarca desde las pequeñas molestias superadas con optimismo y espíritu de esfuerzo, hasta las situaciones graves que, en un momento dado, Dios nos puede exigir y en las que todos los miembros de la familia nos sentimos soporte unos de otros.

Hay familias que se ejercitan en aceptar las «podas» que Dios les va pidiendo a través de los acontecimientos dolorosos de la vida. Acostumbran a los hijos a aceptar las pequeñas y grandes contrariedades con que se van encontrando, e incluso se plantean juntos, a través de la oración familiar, pequeñas mortificaciones comunes que les ayuden a superar sus defectos y corregir aquello que hace menos agradable la vida de la familia.

2. Actitudes ante situaciones concretas

Muchas son las situaciones a través de las cuales nos visita el dolor. Veamos algunas de ellas y las actitudes que provocan.

1. Una situación de las más comunes: el dolor físico, temporal. Un catarro, un dolor de muelas, una artrosis que se nos clava en la rodilla y que, a cada paso, nos recuerda nuestra limitación... Nuestra reacción lógica es de rechazo ante la incomodidad. Para algunos se convierte en queja permanente y en compasión de sí mismos que intentan transmitir a cuantos les rodean. En la vida familiar puede agriar el carácter y repercutir en el trato con los hijos: «¡Ya le duele a papá el estómago...!» Para otros se convierte en situación positiva, aceptándola como algo a superar que mortifica nuestros sentidos, pero que nos da ocasión de ser más dueños de nosotros mismos.

2. Otras veces la enfermedad se presenta de una forma más dura. Un conato de infarto o un derrame cerebral nos obligan a renunciar a la vida activa. El aviso de un cáncer o una diálisis que nos ata a la máquina de un hospital provocan en nosotros la desesperación o el desánimo. Para algunos es la hora de ver la vida con la óptica de Dios, de pensar que nuestros caminos no son sus caminos. Que es tiempo para la reflexión e incluso para gozar de la quietud y la paz que provocan en nosotros la aceptación y la esperanza. Chiara Lubich dice en una de sus reflexiones que las etapas de enfermedad son «ejercicios espirituales predicados por el mismo Dios».

3. El trauma que produce en nosotros la muerte de un ser querido es, sin duda, una de las pruebas más difíciles de superar. En un matrimonio, se

convierte para el cónyuge superviviente en un auténtico desgarro, sobre todo si la unión espiritual entre ambos ha sido fuerte. El pensar que ya no podrás vivir sin él, la rebeldía, la depresión, el abandono de Dios, que permite que tal cosa suceda, pueden ser sustituidos por la aceptación de su voluntad, por la confianza en su paternidad y por el enfoque de la propia actividad hacia una fecundidad distinta, en la que la unión espiritual siga presente a través de la Comunión de los Santos. Cuando es un hijo el que sufre o se nos va, al dolor se suma con frecuencia la impotencia, la rabia, el pedir cuentas a Dios ante lo absurdo... Cuando lo dejamos actuar en nuestro interior, aparecen en nosotros el desprendimiento, la convicción de ser administradores de esa vida que nos ha sido confiada, el buscar su intercesión en la vida del resto de la familia y la alegría de reconocer para él una vida más feliz en la plenitud de lo eterno.

4. El dolor llega a la vida familiar de muchas otras formas: a través, por ejemplo, del anciano que entorpece nuestros planes y nuestra libertad de movimientos, que ha perdido la lucidez mental y que quiere ser escuchado a todas horas. La sensación de carga se puede convertir en actitud de rechazo y de no poder más. Pero todo puede ser aliviado por la generosidad de la familia, que se turna los fines de semana, que comprende y escucha y que, sobre todo, transmite a los hijos el valor de la gratitud.

5. En ocasiones es la incomprensión entre hermanos. Derechos que se creen pisoteados, herencias que nunca se consideran justas, palabras mal expresadas en un momento de excitación y de cólera que arruinan por mucho tiempo el sentido de fraternidad, haciendo que no se hablen entre sí

personas que hasta entonces parecían quererse a muerte... Es una actitud demasiado frecuente y dolorosa.

6. Un hijo que se desvía, las compañías, la droga.... Los padres que lo rechazan o rezan y luchan por su hijo sin perder nunca la esperanza.
7. El cabeza de familia ha perdido su trabajo. El paro se prolonga y abre perspectivas muy negras para la economía familiar. La familia arrima el hombro, renuncia a lo superfluo, los hijos buscan pequeños trabajos (recogida de fruta en verano, clases particulares, carga y descarga en un almacén, etc.). La cooperación y el esfuerzo compartido convierten en rentabilidad educativa la dura situación familiar.
8. Existen muchas formas de dolor ajeno ante las que muchos jóvenes y mayores, a través del «voluntariado», dedican sus conocimientos y parte de su vida a estar al lado de los que las sufren.

3. Cuestionario

1. ¿Cuáles son las actitudes más frecuentes en nuestro ambiente ante el sufrimiento?
2. ¿Qué postura adoptamos ante el dolor en nuestra vida familiar?
3. ¿Cuál es nuestra actitud ante el sufrimiento de los demás?

4. Para la oración

4.1. Descubrir los valores que Pablo y Santiago ven en el sufrimiento y las actitudes con que debemos vivirlo:

«Muy a gusto presumo de mis debilidades, porque así residirá en mí la fuerza de Cristo. Por eso vivo contento en medio de mis debilidades, de los insultos, las privaciones, las persecuciones y las dificultades sufridas por Cristo. Porque cuando soy débil, entonces soy fuerte» *(2 Cor 12,9-10)*.

«Teneos por muy dichosos cuando os veáis asediados por toda clase de pruebas. Sabed que, al ponerse a prueba vuestra fe, os dará constancia. Y si la constancia llega hasta el final, seréis perfectos e intachables, sin falta alguna» *(St 1,2-4)*,

4.2. Oración comunitaria

4.3. Visita del ángel del dolor:

«El ángel del dolor visitó mi casa.
Era hermoso y radiante.
Era hijo de Dios.
Era, aunque no lo creáis,
el más alegre de cuantos conocí.
Entró por mis jardines y acarició mi sangre.
Riéndose, cortó una de mis alas de trabajo,
pero dejó intactas las de la ilusión y el coraje.

Me dijo:
"Ahora empieza la segunda parte de tu vida,
gemela de la otra, aunque algo tartamuda.
Vive. No gastes tus horas en hacerte preguntas.
Reordena tu escala de valores.
Pon en primera fila la amistad
(tras la fe, se entiende)
y recuerda que Dios es bueno,
que el hombre es mucho mejor de lo que él cree,
que el mundo está bien hecho
y que vas a vivir hasta los topes
el gozo mientras vivas,
porque resulta que el ángel del dolor y el de Belén
son el mismo"»

(José Luis Martín Descalzo)

SEGUNDA REUNIÓN: CON OJOS Y CORAZÓN CRISTIANOS

«El Señor es mi pastor, nada me falta.
Aunque pase por valles tenebrosos,
ningún mal temeré,
porque tú estás conmigo»
(Sal 23)

Introducción

Dentro de cada sufrimiento experimentado por el hombre aparece inevitablemente la pregunta: ¿por qué? Es una pregunta difícil, como lo es otra muy afín: ¿por qué el mal en el mundo?

> «En la línea de esta pregunta, se llega no sólo a múltiples frustraciones y conflictos en la relación del hombre con Dios, sino que sucede incluso que se llega a la negación misma de Dios. En efecto, si la existencia del mundo abre casi la mirada del alma humana a la existencia de Dios, a su sabiduría, poder y magnificencia, el mal y el sufrimiento parecen ofuscar esta imagen, a veces de modo radical, tanto más en el drama diario de tantos sufrimientos sin culpa y de tantas culpas sin una adecuada pena» *(SD 9)*.

Así ha resaltado Juan Pablo II la gravedad de estas preguntas en la Carta *Salvifici doloris* que, en 1984, dedicó al tema del dolor humano. A esta carta nos referimos abundantemente en este capítulo.

1. El dolor en el Antiguo Testamento

En la Sagrada Escritura se habla mucho del dolor, entendido muchas veces como castigo por los pecados. En esta oración se presenta la ruina de Jerusalén en este sentido:

> «Bendito seas, Señor, Dios de nuestros padres... Porque eres justo en todo lo que nos has hecho; todas tus obras son verdad, rectos todos tus caminos, verdad todos tus juicios. Juicio fiel has hecho en todo lo que has traído sobre nosotros y sobre la ciudad santa de nuestros padres, Jerusalén. Pues con verdad y justicia has provocado todo esto por nuestros pecados» *(Dan 3,26ss).*

El libro de Job se plantea directamente el tema del dolor humano. Job no ve el sufrimiento como castigo por el pecado, en base a su propia experiencia. Job es consciente de no haber merecido tal castigo; más aún, expone el bien que ha hecho a lo largo de su vida. «El suyo es el sufrimiento de un inocente; debe ser aceptado como un misterio que el hombre no puede comprender a fondo con su inteligencia» *(SD, 11).* El sufrimiento tiene carácter de prueba que Dios permite.

También en el Antiguo Testamento se tiende a superar el concepto del sufrimiento como castigo por el pecado en otra dirección: se subraya el valor educativo de la pena-sufrimiento. «Los castigos no vienen para la destrucción, sino para la corrección de nuestro pueblo» *(2 Mac 6,12).*

El dolor «crea la posibilidad de reconstruir el bien en el mismo sujeto que sufre. Éste es un aspecto importantísimo del sufrimiento. Está arraigado profundamente en toda la Revelación de la Antigua y, sobre todo, de la Nueva Alianza. El sufrimiento debe servir para la conversión, es decir, para la reconstrucción del bien en el sujeto, que puede reconocer la misericordia divina en esta llamada a la penitencia» *(SD, 12).*

Pero para llegar a la verdadera respuesta al «porqué» del sufrimiento, tenemos que llegar a Jesús, que nos revela el amor divino, fuente última del sentido de todo lo existente.

2. Jesús y el dolor

La cercanía de Jesús al dolor y sus enseñanzas sobre él llenan el Evangelio.

2.1. *Se acercó al dolor y lo vivió.* Jesús compartió intensamente el dolor humano. Su obrar se dirigía ante todo a los enfermos y a quienes esperaban ayuda. Así «pasó haciendo el bien» *(Hch 10,38).* Además, Cristo asumió el sufrimiento en sí mismo. Durante toda su vida probó todos los dolores.

2.2. *Con Jesucristo, el sufrimiento se convierte en redención.* Durante la predicación pública de Cristo, sus palabras nos muestran muchas veces cómo él acepta desde el inicio el sufrimiento, que es la voluntad del Padre para la salvación del mundo.

Así adquiere el dolor su sentido fundamental y definitivo. El mal está vinculado al pecado y a la muerte, no puede separarse del pecado original. Cristo libera al hombre del pecado y de la muerte y le da la posibilidad de vivir en la gracia santificante —dominio del pecado—, abriendo con su Resurrección el camino a la futura resurrección —dominio de la muerte—. Uno y otro son condiciones esenciales de la «vida eterna», es decir, de la felicidad definitiva del hombre en su unión con Dios.

Cristo proyecta sobre cada sufrimiento una luz nueva que es la de la redención; y como resultado de la obra salvadora de Cristo, el hombre existe sobre la tierra con la esperanza de la vida y la salvación eternas.

2.3. *La redención se desarrolla en la Iglesia.* La redención, aunque realizada plenamente con el sufrimiento de Cristo, se desarrolla en la Iglesia como cuerpo suyo. De esta forma, cada sufrimiento humano, en virtud de la unión con Cristo, completa su sufrimiento. San Pablo escribe: «Ahora me alegro de mis padecimientos por vosotros, pues así voy completando en mi existencia mortal, y en favor del cuerpo de Cristo que es la Iglesia, lo que aún falta a la Pasión de Cristo» *(Col 1,24).*

> «El que sufre en unión con Cristo... "completa" con su sufrimiento lo que falta a los padecimientos de Cristo... En tanto el hombre se convierte en partícipe de los sufrimientos de Cristo... en tanto, a su manera, completa aquel sufrimiento, mediante el cual Cristo ha obrado la redención del mundo» *(SD, 24).*

> «¿Quiere esto decir que la redención realizada por Cristo no es completa? No. Significa únicamente que la redención, obrada en virtud del amor satisfactorio, permanece constantemente abierta a todo amor que se expresa en el sufrimiento humano. En esta dimensión —en la dimensión del amor—, la redención ya realizada plenamente se realiza, en cierto sentido, constantemente» *(SD, 24).*

3. El sufrimiento acerca a Dios

Juan Pablo II ha expresado esto de modo admirable en la *Salvifici doloris.* La experiencia de muchos siglos enseña que en el sufrimiento se esconde una particular fuerza que acerca interiormente el hombre a Cristo. Es una gracia especial, a la que deben su profunda *conversión* muchos santos.

> «Fruto de esta conversión es no sólo el hecho de que el hombre descubre el sentido salvífico del sufrimiento, sino sobre todo que en el sufrimiento llega a ser un hombre completamente nuevo. Halla como una nueva dimensión de toda su vida y de su vocación... Cuando el cuerpo está gravemente enfermo, totalmente inhábil, y el hombre se siente como incapaz de vivir y de

> obrar, tanto más se pone en evidencia la madurez interior y la grandeza espiritual, constituyendo una lección conmovedora para los hombres sanos y normales» *(SD, 26).*
>
> «A medida que el hombre toma su cruz, uniéndose espiritualmente a la cruz de Cristo..., encuentra en su sufrimiento la *paz interior* e incluso la alegría espiritual» *(SD, 26).*
>
> «[El sufrimiento humano] no sólo consume al hombre dentro de sí mismo, sino que parece convertirlo en una carga para los demás. El hombre se siente condenado a recibir ayuda y asistencia por parte de los demás y, a la vez, se considera a sí mismo inútil. El descubrimiento del sentido salvífico del sufrimiento en unión con Cristo transforma esta sensación deprimente. La fe en la participación en los sufrimientos de Cristo lleva consigo la certeza interior de que el hombre que sufre "completa lo que falta a los padecimientos de Cristo"... para la salvación de sus hermanos y hermanas. Por lo tanto, no sólo es útil a los demás, sino que realiza incluso *un servicio insustituible» (SD, 27).*

4. Actitud cristiana con los que sufren

La parábola del Buen Samaritano nos indica cómo debe ser la relación de cada uno de nosotros con el prójimo que sufre. El Papa actual dice que Buen Samaritano es:

> «...todo hombre que se para junto al sufrimiento de otro hombre. Esta parada no significa curiosidad, sino disponibilidad; todo hombre sensible al sufrimiento ajeno, que se conmueve ante la desgracia del prójimo, testimonia la compasión (padecer con) hacia el que sufre. Es el que ofrece ayuda en el sufrimiento, de cualquier clase que sea.

> El hombre no puede "encontrar su propia plenitud si no es en la entrega sincera de sí mismo a los demás" *[GS, 24]*. Buen samaritano es el hombre capaz precisamente de ese don de sí mismo» *(SD, 28)*.

También se refiere a la actividad voluntaria de buen samaritano que se realiza en la familia:

> «Ayuda familiar... significa tanto los actos de amor al prójimo hechos a las personas pertenecientes a la misma familia, como la ayuda recíproca entre las familias» *(SD, 29)*.

En la educación hay que despertar la sensibilidad hacia el dolor humano:

> «La familia, la escuela, las demás instituciones educativas, aunque sólo sea por motivos humanitarios, deben trabajar con perseverancia para despertar y afinar esa sensibilidad hacia el prójimo y su sufrimiento, del que es un símbolo la figura del samaritano evangélico» *(SD, 29)*.

Testigo de la pasión de su Hijo con su presencia y partícipe de la misma con su compasión, la Virgen ofreció una aportación singular al evangelio del sufrimiento, realizando por adelantado la citada expresión de Pablo. Ciertamente, ella tiene títulos especialísimos para poder afirmar lo de completar en su carne, como también en su corazón, lo que falta a la Pasión de Cristo. «Con María, madre de Cristo, que estaba junto a la cruz, nos detenemos ante todas las cruces del hombre de hoy» *(SD, 31)*.

A ella podemos acudir siempre que necesitemos un ejemplo, un estímulo y una fuerza para la aceptación de nuestro propio dolor, la compasión ante el dolor de los demás y la ayuda generosa ante cualquier sufrimiento.

5. Cuestionario

1. Según lo que se deduce de los textos mencionados ¿qué actitud deberíamos adoptar ante nuestros sufrimientos físicos o morales?
2. ¿Cómo debemos aplicar lo enseñado en la parábola del Buen Samaritano a los que, en el momento presente, sufren a nuestro alrededor?
3. ¿Cómo vamos a afrontar a partir de ahora el dolor propio y el ajeno?
4. ¿Qué caso concreto podemos solucionar como familia y como equipo?

6. Para la oración

6.1. Lectura, reflexión y diálogo sobre este texto de la Palabra de Dios:

> «No hay en él parecer,
> no hay hermosura para que le miremos..
> Despreciado y abandonado de los hombres,
> varón de dolores y familiarizado con el sufrimiento,
> como alguien ante el cual se oculta el rostro,
> menospreciado sin que le tengamos en cuenta.
> Pero fue él quien soportó nuestros sufrimientos
> y cargó con nuestros dolores,
> mientras que nosotros lo tuvimos por castigado,
> herido por Dios y abatido.
> Fue traspasado por nuestras iniquidades
> y molido por nuestros pecados.
> El castigo de nuestra paz fue sobre él,
> y en sus llagas hemos sido curados.
> Todos nosotros andábamos errantes como ovejas,
> siguiendo cada uno su camino,
> y Yahvé cargó sobre él
> la iniquidad de todos nosotros»

(Is 53,2-6)

6.2. Oración comunitaria

6.3. Terminar con esta oración:

«En esta tarde, Cristo del Calvario,
vine a rogarte por mi carne enferma;
pero, al verte, mis ojos van y vienen
de tu cuerpo a mi cuerpo con vergüenza.

¿Cómo quejarme de mis pies cansados
cuando veo los tuyos destrozados?
¿Cómo mostrarte mis manos vacías
cuando las tuyas están llenas de heridas?

¿Cómo explicarte a ti mi soledad
cuando en la cruz alzado y solo estás?
¿Cómo explicarte que no tengo amor
cuando tienes rasgado el corazón?

Ahora ya no me acuerdo de nada,
huyeron de mí todas mis dolencias.
El ímpetu de ruego que traía
se me ahoga en la boca pedigüeña.

Y sólo pido no pedirte nada,
estar aquí, junto a tu imagen muerta,
ir aprendiendo que el dolor es sólo
la llave santa de su santa puerta. Amén»

(Liturgia de las Horas)

BIBLIOGRAFÍA

1. JUAN PABLO II, Carta Apostólica *Salvifici doloris,* (1984).
2. CARLO CARRETTO, *¿Por qué, Señor? El dolor, secreto escondido en los siglos,* Paulinas, Madrid 1985.

4
La enseñanza religiosa

Objetivos

1. Valorar debidamente la importancia de la enseñanza religiosa escolar.
2. Descubrir cómo las actitudes de los diversos sectores implicados en la enseñanza religiosa inciden en su futuro y en su eficacia educativa y evangelizadora.
3. Animar a los miembros de las familias a asumir la actitud correcta frente a la enseñanza religiosa, según su situación concreta.

Presentación del tema

La enseñanza de la religión en la escuela es un punto de debate en España en los últimos tiempos, aunque ya viene siéndolo desde hace más de ciento cincuenta años, en que los sucesivos cambios políticos han ocasionado posturas diversas, a veces muy enconadas. Mientras que otros países similares al nuestro encontraron caminos de equilibrio, entre nosotros no se ha encontrado aún esa situación estable que, por lo demás, tanto está necesitando la formación en valores de las jóvenes generaciones de españoles.

Con la transición política, la enseñanza religiosa se enfocó de manera más adecuada, aunque no llegó a consolidarse. En 1982, muchos aspectos estaban todavía sin fijar jurídicamente, y el gobierno socialista poco hizo por resolver estas lagunas: más bien ha puesto obstáculos al desarrollo de esta dimensión educativa. La situación hoy es de cierta confusión.

En todos estos vaivenes, las actitudes frente a la enseñanza religiosa han sido y son muy variadas. Vamos a tratar de acercarnos a la actitud cristiana en este tema. Nos referimos sólo a la enseñanza en los niveles no universitarios y a la actitud ante la enseñanza religiosa de los diversos sectores implicados en ella: padres, profesores, alumnos, etc.

PRIMERA REUNIÓN: MIRAMOS Y JUZGAMOS

«Grande es el Señor y muy famoso,
es incalculable su grandeza.
Una generación pondera tus obras a la otra
y le cuenta tus hazañas;
alaban ellos la gloria de tu majestad,
y yo repito tus maravillas»
(Salmo 144)

1. Los hechos y sus causas

1.1. *El cambio en la escuela.* Desde hace viente años se está produciendo un profundo cambio en el sistema y en el ambiente educativo español. Han influido múltiples factores sociales que llegan a la escuela, porque ésta forma parte vital de la sociedad, y hay entre ambas un constante intercambio de influencias. Desde 1985 este cambio ha estado, además, acentuado por las dos leyes que vienen cambiando en profundidad la enseñanza: la LODE y la LOGSE.

La influencia social en la escuela tiene aspectos positivos y negativos. En la formación para la democracia, el diálogo, la tolerancia y la comprensión parece percibirse la influencia que la sociedad tiene en la vida de la actual escuela española. Hay también influencias negativas: el descenso de la natalidad influye en varios aspectos en el ambiente escolar, lo mismo que la degradación del ambiente familiar y la inestabilidad de tantos matrimonios. También influyen negativamente la pérdida de valores transcendentes, la deshumanización y el consumismo.

Estas influencias negativas están trayendo un panorama triste a muchas escuelas: fuertes problemas de disciplina, difícil equilibrio entre derechos y deberes de alumnos y profesores, crisis vocacional en el profesorado, dificultad para aceptar cargos de dirección, poco interés por los órganos de participación, bajo nivel de calidad de la enseñanza... Esta situación es especialmente constatable en los centros públicos de diversos sectores ciudadanos. Los centros no públicos presentan un panorama sensiblemente más pacífico, aunque sufren sus propios problemas, especialmente de agravio comparativo entre uno y otro profesorados.

La situación de la escuela interesa a todos los ciudadanos, no sólo a los escolares, a los padres y a los profesores. Todos debemos ser conscientes de la trascendencia de lo que se vive en la escuela para el futuro del hombre y de nuestra sociedad.

En España, un tema pendiente es el logro de un sistema educativo nacido de un amplio consenso político que traiga estabilidad y equilibrio a este sector social tan importante. Pocos son los que piensan ya en una escuela neutra; son más los que defienden todavía una escuela laica y un sistema reducido a la escuela pública.

La Iglesia tiene su propia visión sobre la escuela, basada en su visión del hombre y de la educación. A la visión cristiana del hombre corresponde un tipo de educación integral, de todos los ricos aspectos del ser humano. Para ello la escuela debe tener un proyecto educativo que fije los valores que desea promover. Entre estos valores se encuentran los religiosos y morales, asumidos dentro de un clima de verdadera libertad religiosa, respetada y defendida por la sociedad, la escuela y los poderes públicos. No siempre está siendo así en nuestras escuelas. Las cortapisas a la enseñanza religiosa a nivel jurídico y administrativo y en la vida diaria de los centros constituyen un atentado real al derecho a la libertad religiosa.

1.2. *La enseñanza religiosa.* En la visión cristiana, la educación escolar no es integral si olvida la dimensión religiosa y moral. La presencia de la religión entre las materias escolares hace posible que el alumno cristiano haga una síntesis personal entre su fe y sus conocimientos culturales y favorece el diálogo entre la fe y la cultura. La grave separación producida entre ellas a partir del siglo XIX ha sido negativa para ambas. En España, concretamente, es necesaria la enseñanza religiosa para que la cultura pueda ser entendida: nuestro arte, literatura, folklore y costumbres en general no pueden ser entendidos de otra manera.

La presencia de la religión no es contraria al carácter y los fines de la escuela. Más bien están en perfecta sintonía. También afirmamos la perfecta adecuación de la enseñanza religiosa con el carácter democrático de nuestra sociedad.

Por todo ello, el derecho a la enseñanza religiosa está renonocido en la Constitución (art. 10), en diversos acuerdos internacionales suscritos por España y en diversas leyes orgánicas. En cuanto a la enseñanza religiosa católica, está explícitamente recogida en un acuerdo entre el Estado español y la Santa Sede de 1979.

1.3. *Dónde está el problema.* En los años ochenta, la enseñanza religiosa, con la opcionalidad y la mayoritaria petición por parte de padres y alumnos, adquirió una categoría que muchos no esperaban. Esta situación se mantiene en gran parte, pero en los niveles en que entra en vigor el nuevo sistema educativo hay un descenso de demanda de enseñanza religiosa. Esto puede deberse a diversas causas, entre ellas la falta de alternativa real a la enseñanza religiosa para aquellos alumnos que no la solicitan.

Se mantiene, no obstante, una abundante demanda de enseñanza religiosa. Pero las raíces de este hecho no son muy profundas. A una demanda tan mayoritaria no corresponde una valoración social suficientemente fuerte. Pocos son los que caen en la cuenta de la necesidad de diálogo y síntesis entre fe y cultura, de la valiosa aportación que la enseñanza religiosa supone para la comprensión de nuestra cultura, de la riqueza humanizadora de la religión como propuesta de un horizonte de sentido para la vida humana y de un sistema de valores éticos, del aporte de la religión a la formación de un individuo que ante la sociedad tenga a la vez capacidad crítica y sentido de inserción y servicio social.

Frente a estas razones que fundamentan la enseñanza religiosa en la escuela, ¿por qué se pide de hecho la enseñanza religiosa? Detrás de esta petición está el fondo religioso del pueblo español. Además, parece que muchos lo hacen buscando más una especie de protección moral del hijo que una auténtica formación cristiana. Cuando la petición no es de hecho atendida, o cuando no hay calidad en la enseñanza religiosa, pocos exigen sus derechos.

2. Actitudes típicas

1. Hay padres que anteponen la enseñanza religiosa a aquellas otras que afectan más directamente al futuro profesional de sus hijos. La piden y exigen en el centro, se preocupan de la calidad con que se imparte, colaboran con el profesorado y demuestran a sus hijos, con palabras y hechos, el valor que conceden a tal enseñanza.

2. Otros padres piden la enseñanza religiosa, pero luego se desinteresan de esta materia, no proporcionan a sus hijos libros y material, no les acompañan en su estudio y hasta la desprecian ante ellos en la práctica, al valorar mucho más otras materias.

3. Hay profesores cristianos conscientes de que ellos son la forma más importante de presencia de la Iglesia en la escuela. Piensan que, aunque la clase de religión sea excelente, si ellos en el mismo centro de enseñanza no la apoyan con su testimonio, la acción educativa y evangelizadora de la Iglesia será pobre.

4. Todos los profesores deben respetar el derecho a la enseñanza religiosa. De los cristianos cabe esperar mucho más: colaboración con todos los que se ocupan de ella. Pero muchos profesores, cristianos al menos de nombre, socavan los cimientos de la enseñanza religiosa con su actitud de indiferencia, que pueden mostrar también con ligereza a los mismos alumnos.

5. Muchos profesores funcionarios que pueden impartir religión en las escuelas públicas no lo hacen. Aducen falta de preparación, desean facilitar un puesto de trabajo a otros profesores, piensan que el nuevo profesorado está mejor preparado...

6. Otros profesores funcionarios asumen su deber y derecho a integrar la religión entre las materias que imparten a los alumnos. Saben que poner la enseñanza religiosa de la escuela pública en manos de profesores no funcionarios conlleva hoy por hoy graves problemas jurídicos y económicos y rebaja a veces la calidad y eficacia de esta enseñanza.
7. En todos los niveles se encuentran profesores de religión que actúan con falta de consideración por la categoría académica de la materia: no respetan los programas ni hacen bien la evaluación, abdican ante las exigencias y posturas de los alumnos, viven con complejo de inferioridad en el conjunto del colegio. Esto sucede también en los centros católicos.
8. Los directores de los centros católicos no demuestran a veces la importancia central de la enseñanza religiosa, puesto que no dedican a ella a profesores preparados y capaces de sintonizar con los alumnos. En ocasiones, el móvil es completar el horario del profesor, aunque éste no sea quizá el más adecuado.
9. Una materia optativa tiene que ganarse un sitio preferente en el interés del alumno por la especial calidad de la enseñanza, por la dedicación y capacidad del profesor, por su especial sintonía y amor a los niños, adolescentes y jóvenes, por la disponibilidad personal, por la capacidad para ganarse un sitio en la vida del centro. Hay muchos profesores vocacionados que están dando su vida en esta tarea.
10. Hay profesores de religión con falta de ilusión, escasa sensibilidad respecto de los alumnos, búsqueda equivocada de facilidades y transigencias con ellos. El profesor está agobiado por los

muchos problemas laborales y por la actitud negativa de los alumnos ante lo religioso o ante la enseñanza en general.

11. Algunos adolescentes y jóvenes rechazan la formación religiosa. Con frecuencia rechazan al mismo tiempo otras materias formativas y hasta la educación en sí misma. En cuanto a lo religioso, influyen el vacío religioso en la familia, la distancia en que viven con respecto de la vida eclesial a la que debe acercar la clase de religión, el ambiente social y juvenil y la crisis de fe que padece el joven. En estas circunstancias, la clase es una pesada cruz para muchos profesores.

12. Hay responsables pastorales que saben que, cuando, hipotéticamente, todos los problemas económicos, laborales y académicos de la enseñanza religiosa y su profesorado estén resueltos, seguirá siendo misión de la Iglesia la animación y preparación del profesorado para que afronte esta tarea con competencia y motivación: en esta tarea, nadie suplirá a la comunidad cristiana.

13. Otros responsables pastorales no sienten la importancia de la enseñanza religiosa. Desbordados quizá por la acuciante llamada de tantas necesidades y propuestas pastorales, descuidan una acción de Iglesia que se desarrolla en un ámbito extraño a los habituales de la acción pastoral.

14. Las comunidades cristianas no sienten la enseñanza religiosa como un asunto propio. Los cristianos presentes en la escuela, de modo singular los profesores de religión, no sienten que la comunidad cristiana y sus responsables estén con ellos y vivan y compartan sus preocupaciones. No perciben que los católicos valoren su trabajo y agradezcan su generosidad.

4. Cuestionario

1. ¿Cuáles de las anteriores actitudes son a tu juicio las más frecuentes respecto de la enseñanza religiosa? ¿Podrías añadir alguna otra?
2. Entre todas ellas, ¿cuáles crees que son tus actitudes dominantes? ¿Y las de tu familia? ¿Y las de tu equipo? ¿Y las de tu ambiente?
3. ¿Por qué mostramos tanta despreocupación con respecto a este problema?

5. Para la oración

5.1. Lectura, reflexión y diálogo sobre Rm 12,3-8:

«Nosotros, siendo muchos, estamos injertados en Cristo para formar un solo cuerpo, y cada uno es un miembro al servicio de los demás. Diferentes son, sin embargo, los dones que tenemos, conforme al reparto que Dios ha hecho libremente entre nosotros. A quien haya concedido hablar en su nombre, hágalo sin apartarse de la fe. Si de servir se trata, sirvamos con solicitud; si de enseñar, apliquémonos a enseñar. Exhorte quien posea el don de exhortar; reparta con generosidad quien tenga encomendada esa tarea. El que presida, hágalo con celo; el que ayude a los necesitados, con alegría».

5.2. Oración comunitaria

En las peticiones no debe olvidarse a los diversos miembros de la comunidad cristiana que tienen responsabilidad en la enseñanza religiosa: padres, profesores, alumnos, sacerdotes, etc.

5.3. El sentido de nuestra vida:

«María, Madre de misericordia,
cuida de todos

para que no se haga inútil la cruz de Cristo,
para que el hombre no pierda el camino del bien,
no pierda la conciencia del pecado
y crezca en la esperanza en Dios,
"rico en misericordia",
para que haga libremente las buenas obras
que Él le asignó y, de esta manera,
toda su vida sea "un himno a su gloria". Amén»

(Veritatis Splendor, 120)

SEGUNDA REUNIÓN: CON OJOS Y CORAZÓN CRISTIANOS

«Escúchame, Señor, que te llamo;
ten piedad, respóndeme.
Oigo en mi corazón: "Buscad mi rostro".
Tu rostro buscaré, Señor, no me escondas tu rostro»
(Salmo 26)

Introducción

En la reunión anterior puede haberse detectado en el equipo cierto desinterés por este asunto de la enseñanza religiosa, debido a su dificultad, a la complejidad que presenta su planteamiento, a que ya no se tienen hijos en edad escolar... Lo primero que necesitamos vencer es el desinterés por este tema, que nos afecta a todos. Un católico consciente valora y vive la importancia de la escuela. Con frecuencia, lo que subyace a tal desinterés son ideas poco claras sobre la situación, las razones y los problemas de la enseñanza religiosa. Este segundo tema pretende brindar ayuda para superar este desinterés y esta falta de información.

1. Palabra de Dios

Dos pasajes de la Palabra de Dios que nos pueden iluminar en nuestro empeño por la enseñanza religiosa: nos dan motivos, nos garantizan las fuerzas, nos proponen metas, nos describen modos y actitudes.

> «Jesús se acercó y les dijo: "Dios me ha dado pleno poder en el cielo y en la tierra. Id, pues, y haced discípulos entre los habitantes de todas las naciones, bautizándolos en el nombre del Padre, del Hijo y del Espíritu Santo, y enseñándoles a cumplir lo que yo os he encomendado"» *(Mt 28,18-20).*

> «De anunciar el mensaje de salvación no puedo enorgullecerme. Eso es una necesidad que se me impone, ¡y pobre de mí si no lo anunciase! (...) Soy plenamente libre; sin embargo, he querido hacerme esclavo de todos para ganar a todos cuantos pueda. Con los judíos me conduzco como judío, para ganar a los judíos (...) Igualmente, ajusto mi conducta a la de aquellos que no se atienen a la ley de Moisés, con el fin de ganarlos (...) Con los poco formados en la fe, procedo como si yo también lo fuera, a ver si así los gano. A todos traté de adaptarme totalmente, para conseguir, cueste lo que cueste, salvar a algunos. Todo sea por amor al mensaje de salvación, de cuyos bienes prometidos espero participar» *(1 Cor 9,16-23).*

3. Doctrina de la Iglesia

3.1. Vayan por delante dos hermosos textos del Vaticano II:

> «Cada familia, en cuanto sociedad que goza de un derecho propio y primordial, tiene el derecho a ordenar libremente su vida religiosa doméstica, bajo la dirección de los padres. A éstos corresponde el dere-

cho a determinar la forma de educación religiosa que se ha de dar a sus hijos, según sus propias convicciones religiosas» *(DH, 5).*

«Hermosa es y de suma importancia la vocación de todos los que, ayudando a los padres en el cumplimiento de su deber y en nombre de la comunidad humana, desempeñan la función de educar en las escuelas. Esta vocación requiere dotes especiales de alma y de corazón, una preparación diligentísima y una facilidad constante para renovarse y adaptarse» *(GE, 5).*

3.2. La importancia pastoral de la enseñanza religiosa:

«Es un campo que merece mucha solicitud pastoral. No cabe duda de que la parroquia debe continuar su misión privilegiada de formadora en la fe; no cabe duda de que los padres deben ser los primeros catequistas de sus hijos. Sin embargo, no puede dejar de tenerse en cuenta la transmisión del mensaje de salvación con la enseñanza religiosa en la escuela, privada y pública, sobre todo en un país en el que la gran mayoría de los padres pide la enseñanza religiosa para sus hijos en el período escolar» *(Juan Pablo II en Granada, 1982).*

«...las exigencias de *atención de toda la comunidad católica* a la enseñanza religiosa serán (son) más apremiantes que en el pasado... Necesitamos intensificar todo lo que signifique colaboración, esforzándonos todos en asumir unas líneas pastorales comunes que unifiquen y coordinen la acción que en este campo debemos desarrollar» *(CEEC, 11.6.79, n. 134).*

«Una *catequesis* viva en la comunidad cristiana es el terreno más apropiado para que fructifique la enseñanza de la religión; y una buena *enseñanza religiosa* creará el deseo de una plena catequización en el seno de la comunidad cristiana» *(CEEC, 11.6.79, n. 66).*

«En la formación religiosa de las nuevas generaciones tienen un papel básico y preponderante la familia y las instituciones pastorales de la comunidad cristiana. Pero también la escuela, en cuanto comunidad en la que los bautizados reciben una formación integral, tiene una función propia en la formación religiosa. *La escuela es el lugar privilegiado para la transmisión de unos conocimientos orgánicos de la fe, y siempre relacionados con el resto de los saberes que en la escuela se imparten.* Esta formación más sistemática de la fe, que ha de ser al mismo tiempo vital y concreta, y esta integración de la formación religiosa con la visión global del mundo dentro del actual contexto cultural son hoy más necesarias en la sociedad pluralista para evitar una mera yuxtaposición de las diversas dimensiones formativas del hombre» *(CEE, 1976).*

«La labor educadora, por el cultivo de las ciencias y las técnicas, por un afán de eficacia y competitividad absorbentes, o por prejuicios ideológicos, no debe marginar otras dimensiones humanas que es necesario tener en cuenta. Sólo una educación a la medida del hombre, "integral" no sólo de nombre, sino realmente tal, puede salvar al ser humano de reductoras contradicciones que terminarían dañándole y haciendo más difícil la convivencia social. Ciencia y conciencia, técnica y ética, personalización y convivencia; bienestar temporal y sentido finalizador de la existencia, en unas condiciones de libertad efectiva, de modo que cada uno pueda cultivar la esperanza de una mayor realización humana, incluso desde su conciencia religiosa. Por eso la enseñanza religiosa en la escuela, en las debidas condiciones reales, es una exigencia de la naturaleza de la misma escuela y del auténtico ejercicio de la libertad religiosa» *(CEEC, 1989).*

3.3. Actitudes de los implicados en la enseñanza religiosa:

«Por lo que se refiere a la educación cristiana, *los padres,* que un día llevaron a sus hijos a la pila bautismal, contrajeron ante Dios y ante la Iglesia el grave compromiso de educar, por sí mismos y por medio de otras personas, a sus hijos en la fe la Iglesia. En las presentes circunstancias de nuestra cultura y organización social, un factor decisivo para la educación cristiana de los bautizados es, a nuestro entender, la enseñanza religiosa en la escuela. En este sentido, los padres cristianos no pueden, en modo alguno, menospreciar este cauce; por el contrario, deben ejercer su derecho en este campo en favor de sus hijos» *(CEEC, 11.6.79, n. 136)*

«Invitamos de manera apremiante a todos los *educadores creyentes* a que acepten con entusiasmo las tareas de instruir en la fe cristiana a sus alumnos, en plena comunión con la Iglesia... Los profesores cristianos que enseñan en otras áreas de la ciencia y de la cultura, si participan también en la tarea de enseñar la fe, están en condiciones inmejorables para mostrar la coherencia entre el saber humano y la fe cristiana» *(CEEC, 11.6.79, n. 137).*

«*Los que dirigen las escuelas* no deben olvidar nunca que los padres han sido constituidos por Dios mismo como los primeros y principales educadores de sus hijos, y que su derecho es del todo inalienable. Pero, como complementario al derecho, se pone el grave deber de los padres de comprometerse a fondo en una relación cordial y efectiva con los profesores y directores de las escuelas» *(FC, 40).*

«Es deseable que los *profesores* que imparten esta enseñanza (religiosa) en los centros públicos de EGB pertenezcan a la plantilla de profesorado del centro. Los profesores cristianos deben sentirse moralmente obligados a asumir esta responsabilidad de tanta importancia. En todo caso, aquellas personas que hayan de hacerse cargo de la formación religiosa y moral católica en la escuela deberán ser propuestas o designadas por el obispo diocesano o la autoridad eclesiástica que le represente» *(CEEC, 1.7.85).*

«Dentro de los diversos enfoques pedagógicos, debe ser aspiración del *educador católico,* en virtud de la misma concepción cristiana del hombre, la práctica de una pedagogía que conceda especial relieve al contacto directo y personal con el alumno. Ese contacto, realizado por parte del educador con la convicción del fundamental papel activo que el alumno tiene en su propia educación, ha de conducir a una relación de diálogo que dejará el camino expedito al testimonio de fe que debe constituir la propia vida» *(Congregación para la Educación Católica, «El laico católico, testigo de la fe en la escuela», 1982, n. 21).*

5. Cuestionario

1. Tras el estudio de la Palabra de Dios y la doctrina de la Iglesia, ¿cuál debe ser la actitud ante la enseñanza religiosa?
2. ¿En qué debe cambiar nuestra actitud?
3. ¿Hay en el equipo profesores o padres que necesiten la ayuda del grupo en su compromiso en la escuela? ¿Cómo ayudarles? ¿Qué podría hacer yo? ¿Qué podría hacer el MFC?
4. ¿Qué compromisos adoptamos como personas, como familia y como equipo para lograr una actitud más cristiana y trasmitirla a nuestros hijos y a nuestro ambiente?

6. Para la oración

* Actualizar en el grupo la conciencia de la presencia del Señor.
* Comentar uno de los textos bíblicos transcritos al comienzo del tema.
* Hacer una oración comunitaria en la que los miembros del grupo ofrezcan al Señor sus compromisos y pidan fuerza y luz para cumplirlos.
* Terminar con esta oración a la Virgen:

«Oh Virgen santísima,
Madre de Cristo y Madre de la Iglesia,
con alegría y admiración
nos unimos a tu Magnificat,
a tu canto de amor agradecido.

Contigo damos gracias a Dios,
"cuya misericordia se extiende
de generación en generación",
por la espléndida vocación
y por la multiforme misión
confiada a los fieles laicos,
por su nombre llamados por Dios a vivir
en comunión de amor y de santidad con Él
y a estar fraternalmente unidos
en la gran familia de los hijos de Dios,
enviados a irradiar la luz de Cristo
y a comunicar el fuego del Espíritu
por medio de su vida evangélica en todo el mundo.

Virgen del Magnificat, llena nuestros corazones
de reconocimiento y entusiasmo
por esta vocación y por esta misión.
Tú que has sido, con humildad y magnanimidad,
"la esclava del Señor",
danos tu misma disponibilidad
para el servicio de Dios
y para la salvación del mundo.

Abre nuestros corazones
a las inmensas perspectivas del Reino de Dios
y del anuncio del Evangelio a toda criatura.

En tu corazón de madre están siempre presentes
los muchos peligros y los muchos males que aplastan
a los hombres y mujeres de nuestro tiempo.
Pero también lo están tantas iniciativas de bien,
las grandes aspiraciones a los valores,
los progresos realizados
en la producción de frutos abundantes de salvación»

(Christifideles laici, 64)

BIBLIOGRAFÍA

1. CONCILIO VATICANO II, Declaración *Gravissimum educationis* sobre la educación cristiana (1965).

2. COMISIÓN EPISCOPAL DE ENSEÑANZA Y CATEQUESIS, *La enseñanza religiosa escolar,* Orientaciones pastorales (1979).

3. CONSEJO GENERAL DE LA EDUCACIÓN CATÓLICA, *Los católicos y la educación en España, hoy,* Madrid 1989.

4. CONGREGACIÓN PARA LA EDUCACIÓN CATÓLICA, *El laico católico, testigo de la fe en la escuela* (1982).

5
El papel de la mujer en la sociedad

Objetivos

1. Conocer la misión de la mujer en la sociedad y su repercusión en la vida familiar.
2. Descubrir las actitudes que la rodean en los distintos ambientes.
3. Ayudar a valorar el papel de la mujer en nuestra sociedad.

Presentación del tema

Uno de los cambios más representativos de la época moderna es el que se conoce como la «liberación de la mujer». Ya han quedado lejos los trabajos de las sufragistas inglesas para conseguir el derecho al voto, o la actuación decidida de algunas mujeres de principios de siglo en su lucha por incorporarse al trabajo remunerado, propiciada por la necesidad de sustituir a la mano de obra masculina, disminuida por la Guerra Mundial. Ahora se habla en muchas ocasiones de «rebelión» o, mejor, de «rebeldía» de la mujer, que trata de superar el viejo modelo de ama de casa supeditada al hombre, fuertemente enraizado en nuestra cultura y que presuponía un modelo de relación en el que al varón correspondía el dominio, y a la mujer la dependencia.

Ante este gran cambio, las mujeres adoptan actitudes muy diversas que vamos a tratar de analizar en esta reunión, para después juzgarlas y asumir aquellas que mejor respondan al plan de Dios sobre la mujer.

Nótese que este tema ha sido preparado describiendo sólo actitudes de las mujeres. Ante estos hechos, también los hombres adoptan actitudes diversas: os invitaremos a hablar de ellas en el cuestionario y a juzgarlas en la segunda reunión[1].

PRIMERA REUNIÓN: MIRAMOS Y JUZGAMOS

«Llega la hora, ha llegado la hora en que la vocación de la mujer se cumple en plenitud, la hora en que la mujer adquiere en el mundo una influencia, un peso y un poder jamás alcanzados hasta ahora. En este momento en que la humanidad conoce un cambio tan profundo, las mujeres llenas del espíritu del Evangelio pueden ayudar en gran medida a que la humanidad no decaiga»

(Mensaje del Concilio Vaticano II, 1965)

1. Los hechos

Hoy la mujer se ha incorporado al trabajo, a la política y a muchas tareas que se consideraban privativas de los hombres y a las que ella aporta sus peculiares

1. Nótese también que el tema se refiere al papel de la mujer en la sociedad. Cuando se hizo el sondeo sobre los temas posibles, fue éste el que se nos propuso. Surgirá en las reuniones, sin duda, el debate sobre el papel de la mujer en la Iglesia. Nos proponemos tratarlo en la próxima ocasión.

características femeninas. En los medios de comunicación social, las mujeres han logrado prestigio, audiencia y fiabilidad, marcando a la opinión pública con su estilo femenino.

El panorama es complejo. Por un lado, ha aumentado el número de mujeres en altos cargos públicos; por otro, se ha acentuado la pobreza y marginación de muchas mujeres y se violan sus derechos humanos en una escala sin precedentes. Si en un país hay ignorancia y miseria, la mujer es la más pobre, la más ignorante y la más agotada por un trabajo injusto y explotador. Y son las mujeres las que producen aproximadamente la mitad de los recursos agrarios del mundo, pero pocas veces son poseedoras de tierras. Ellas representan un tercio de la mano de obra, pero se concentran en las escalas profesionales más bajas y están más expuestas al desempleo que los hombres.

La mujer está pasando, afortunadamente, de ser esclava de la casa y de su familia a ser el centro de la vida familiar, ofreciendo a los suyos la firmeza y la ternura; administradora que sabe adaptarse a los imprevistos; freno para unos y espuela para otros, según lo van necesitando; que comprende y anima instruyendo en lo esencial. Y que, en colaboración con las misiones encomendadas a la figura paterna, trata de conseguir junto a su marido —o, en su defecto, asumiendo ella esas misiones— el objetivo de mantener la unidad familiar y educar a sus hijos, de forma que sean portadores de aquellos valores que le gustaría estuvieran presentes en la sociedad de la que forman parte. Los sociólogos le adjudican en el hogar el papel de compañera, amiga, madre, servidora, administradora, educadora, amante y confidente a la vez. En el terreno laboral comparte con el hombre las tareas de mayor responsabilidad. Hay mujeres periodistas, monjas de la caridad, magistradas, etc.

que aportan a los trabajos que asumen la concreción, intuición, agilidad y sentido práctico que los hombres suelen poseer en menor grado.

2. Las actitudes

Son muy diversas las actitudes que las mujeres adoptan en las situaciones de la realidad actual. Tratamos de presentarlas en los diez tipos siguientes.

1. Hay mujeres que, cuando les preguntan por su profesión, responden con timidez: «sus labores». Se disculpan porque no valoran como trabajo el atender a que todo esté a punto cuando llegue el marido «del trabajo»: cuidar del abuelo, lavar la ropa de todos, hacer cola en el Centro de Salud porque el pequeño tiene anginas, encontrar los folios extraviados por el mayor y acudir a la reunión con el tutor porque tiene en sus manos la educación de sus hijos, ya que su marido «no tiene tiempo»... Son mujeres a las que se adjudica en el hogar el papel exclusivo de dar y la responsabilidad no compartida del bienestar emocional de los hijos, del marido y, cuando así lo exigen las circunstancias, de los padres o de los suegros ancianos. Todos se creen con derecho a exigirles todo tipo de renuncias.

2. Hay mujeres que se autodenominan «feministas» y que defienden la idea de la mujer competitiva, agresiva, porque les parece que es un paso necesario. Optan por el modelo masculino y realizan más la opción del hombre que la de la mujer. En su escala de valores ocupa el primer lugar la vida profesional, y es frecuente que renuncien a los hijos.

3. Hay mujeres que se sienten iguales a los hombres en lo que se consideraban habitualmente «poses» masculinas: fuman, beben, emplean términos soeces, hacen alarde de su libertinaje... Se consideran dueñas de su cuerpo y de lo que la naturaleza les ha adjudicado en la reproducción de la especie: «nosotras parimos, nosotras decidimos». No se sienten complementarias del hombre ni llamadas a formar con él un proyecto de vida en común.
4. Hay mujeres que consideran la maternidad como una prestación social de primer orden. Alcanzan su autorrealización a través del marido y de los hijos, dedicando sus mejores energías a la felicidad y satisfacción de los otros, por encima de sus propias necesidades personales. Para ellas el ser mujer se agotaría en ser esposa y madre.
5. Hay mujeres que no sacrifican el trabajo, pero tampoco su vida familiar. En ocasiones suelen pagar el coste más alto. Asumen las tareas de ambas dedicaciones, y con frecuencia se debaten entre el estrés y la búsqueda del equilibrio. Se sienten llamadas a la maternidad, pero piensan que el peso de los hijos no puede recaer exclusivamente sobre ellas. Intentan organizar el trabajo no como un rígido organigrama de empresa, pero sí estableciendo un plan de actividades flexible, buscando la colaboración de todos los miembros de la familia para poder contar con un tiempo libre que deberá ser respetado por todos.
6. Hay mujeres que viven en países subdesarrollados y soportan unas condiciones de vida que nada tienen que ver con el reconocimiento de su dignidad social, cultural y espiritual. Labran, siegan, cargan los carros.. Trabajan de sol a sol, en la casa y fuera de ella, casi siempre sin ser valoradas por nadie.

7. Hay mujeres que viven en países desarrollados sintiéndose objeto de consumo y pasto de la publicidad. Su presencia en ésta es de particular interés para la propia imagen publicitaria, por ser ella la destinataria de un alto porcentaje de productos. Se la presenta sin distinguirla de los productos a los que aporta su toque «sexy». Dejan de comer para no engordar, y a veces se vuelven anoréxicas; beben zumos y leche descremada para guardar la línea y hacen deporte para cuidar el cuerpo. Sirven copas en un bar o hacen de relaciones públicas en una discoteca y aspiran al triunfo en un concurso de belleza que les abra las puertas de las pasarelas de moda.
8. Hay mujeres que tratan de cultivar las cualidades que consideran específicas de su «ser femenino». La mujer ha valorado siempre muy profundamente la vida. La ternura, la paciencia, la comprensión y la delicadeza han sido sus cualidades más características. Lo cual no implica la negación de su capacidad de raciocinio, tesón y fortaleza. Hacen deporte, se arreglan, leen la prensa, asisten a actividades culturales y conservan sus relaciones sociales. En la conjugación de todo ello buscan la autenticidad femenina actual.
9. Hay mujeres que sufren los malos tratos del hombre. Hay mujeres abandonadas por sus maridos con un porvenir incierto. Hay mujeres que abandonan a su marido y a sus hijos. Hay mujeres que se enfrentan a una situación de separación matrimonial y que deben asumir el papel de padre y de madre.
10. Hay mujeres que eligen la virginidad y la vida consagrada. Que la ofrecen al mundo de los marginados, de los enfermos, de los necesitados de cultura. Otras hacen de su vida oración, poniendo a Dios y a los hermanos en el primer lugar de su jerarquía de valores.

3. Cuestionario

1. De entre las actitudes femeninas presentadas, ¿cuáles crees que son más frecuentes en nuestra sociedad? Añade las que creas que no están presentes.
2. ¿Cuáles crees que son tus actitudes como mujer? ¿Cuáles las de las mujeres del equipo y de tu ambiente?
3. ¿Cuáles son las actitudes de los hombres ante las nuevas situaciones de la mujer? ¿Cuáles son las tuyas personales, como hombre?
4. ¿Cómo valoramos a nuestra esposa, madre o hija? ¿De qué forma colaboramos con ellas?

4. Para la oración

4.1. Lectura, reflexión y diálogo sobre este pasaje de la Palabra de Dios:

> «Aspirad a los más valiosos entre todos los carismas. Pero aún me queda por mostraros un camino que es con mucho el mejor... Tres cosas hay, en fin, que permanecen: la fe, la esperanza y el amor. De ellas, la más grande es el amor» *(1 Cor 12,30; 13,13).*

4.2. Sintonizar con la vida que late en el siguiente testimonio, sin tratar de aplicarlo a la mujer, sino a todos, hombres y mujeres, para iluminar la verdad y el valor de nuestras actitudes.

> «Al contemplar el cuerpo místico de la Iglesia, no me había reconocido a mí misma en ninguno de los miembros que san Pablo enumera, sino que lo que yo deseaba era más bien verme en todos ellos. En la caridad descubrí el quicio de mi vocación. Entendí que la Iglesia tiene un cuerpo resultante de la unión de varios miembros, pero que en este cuerpo no falta el más

necesario y noble de ellos: entendí que la Iglesia tiene un corazón, y que este corazón está ardiendo de amor.

Entendí que sólo el amor es el que impulsa a obrar a los miembros de la Iglesia y que, si faltase este amor, ni los apóstoles anunciarían ya el Evangelio, ni los mártires derramarían su sangre. Reconocí claramente y me convencí de que el amor encierra en sí todas las vocaciones, que el amor lo es todo, que abarca todos los tiempos y lugares; en una palabra, que el amor es eterno.

Entonces, llena de una alegría desbordante, exclamé: "Oh Jesús, amor mío, por fin he encontrado mi vocación: mi vocación es el amor. Sí, he hallado mi propio lugar en la Iglesia, y este lugar es el que tú me has señalado, Dios mío. En el corazón de la Iglesia, que es mi madre, yo seré el amor; de este modo lo seré todo, y mi deseo se verá colmado"» *(Santa Teresa del Niño Jesús, 1896).*

4.3. Oración comunitaria

SEGUNDA REUNIÓN: CON OJOS Y CORAZÓN CRISTIANOS

«En el momento de la prueba definitiva y decisiva, a los pies de la Cruz, estaban en primer lugar las mujeres... Se mostraron más fuertes que los apóstoles: en los momentos de peligro, las que "aman mucho" logran vencer el miedo»

(MD, 15)

«Una mujer, María Magdalena, fue hecha la apóstol de los apóstoles, porque se le encomendó anunciar la resurrección del Señor a los discípulos»

(Sto. Tomás de Aquino, citado en MD, 16)

Introducción

Se habla y se escribe tanto sobre la mujer que a los cristianos nos conviene mucho reflexionar y formarnos un juicio claro acerca del papel que la mujer debe desempeñar en la sociedad (y en la Iglesia).

1. La mujer en el plan de Dios

1.1. *Enseñanzas de la Biblia*

La doctrina del Señor no discrimina a la mujer:

> «Creó, pues, Dios al ser humano a imagen suya; a imagen de Dios lo creó, macho y hembra los creó» *(Gn 1,27).*

Las actitudes de Jesús y sus relaciones con las mujeres en el Evangelio tuvieron y siguen teniendo un significado de profunda transformación. Jesús actúa en contra de muchas costumbres establecidas. «No tomes asiento con las mujeres», aconsejaba el Eclesiástico; pero el Señor defiende la postura de discípula de María, la hermana de Marta, a pesar de que un rabino no aceptaba nunca a las mujeres en su séquito. Los discípulos se sorprenden viendo a Jesús dialogar con la Samaritana, conducta impensable en la sociedad judía, donde la mujer carecía de palabra digna de crédito y era equiparada a los miembros más marginados de la época. Después de la Resurrección se aparece en primer lugar a María Magdalena y la envía a anunciar a los hermanos la buena noticia.

No hay que olvidar que la cultura de cada época marca profundamente las relaciones entre ambos sexos, y que en este sentido deben interpretarse algunas afirmaciones de san Pablo que se consideran discriminadoras de la mujer. Sin embargo, es el propio Pablo quien nos dice:

> «Todos vosotros sois hijos de Dios por la fe en Cristo Jesús, pues todos los que habéis sido bautizados en Cristo, de Cristo habéis sido revestidos. Ya no hay distinción entre judío o no judío, entre esclavo o libre, entre varón o mujer, porque todos vosotros sois uno en Cristo Jesús» *(Gal 3,26-28).*

La Iglesia siempre ha mantenido esta doctrina, y en la historia del pueblo de Dios han aparecido constantemente los valores de la mujer. Pero en la sociedad cristiana la mujer también ha vivido y sufrido las limitaciones derivadas de una sociedad patriarcal, y los escritores ascéticos la han presentado con frecuencia negativamente.

1.2. *El Vaticano II*

El Concilio Vaticano II, que supuso un giro trascendental en la tradición patriarcal de la Iglesia, expresó claramente que la discriminación de la mujer contradice la voluntad de Dios:

> «Ante Cristo y ante la Iglesia, no existe desigualdad alguna en razón de estirpe o de nacimiento, condición social o sexo» *(LG, 32).*

1.3. *Juan Pablo II*

El Papa actual tiene un amplio magisterio sobre la mujer. A ella se refirió ya en *Familiaris Consortio* (1981), nn. 22-24. En 1988 lo hará en *Christifideles laici,* nn. 49-52. Pero en ese mismo año, unos meses antes, el Papa publica la Carta Apostólica *MULIERIS DIGNITATEM,* auténtico canto de acción de gracias a Dios por todas las mujeres y por cada una... tal como salieron del corazón de Dios, con toda la belleza y riqueza de su feminidad, y tal como asumen, juntamente con el hombre, la responsabilidad común por el destino de la humanidad.

La Carta contempla dos conceptos principales: la igualdad entre el hombre y la mujer y la específica dignidad y valoración de esta última. Sobre estos dos puntos se apoya la doctrina de la Iglesia sobre la mujer. En la común vocación de hombre y mujer al amor, ella está dotada y llamada a manifestaciones específicas de este amor. Ha recibido el depósito de la vida humana, es la defensora del ser humano, sobre todo en sus formas más débiles: los niños y los enfermos. Para ello ha recibido una fortaleza física y moral. Dios ha confiado el ser humano a la mujer. Veamos algunos textos, todos ellos de *Mulieris dignitatem*.

> «La mujer es otro "yo" del hombre. Entre marido y mujer no puede haber sumisión, sino igualdad y respeto. Porque, si bien hombre y mujer son iguales, pues ambos son padres en común, la mujer es la que paga directamente por este común engendrar, que absorbe literalmente las energías de su cuerpo y de su alma. Por consiguiente, es necesario que el hombre sea consciente de que, en este ser padres, él contrae una deuda especial con la mujer» *(MD, 18).*

> «La mujer no puede encontrarse a sí misma si no es dando amor a los demás. Desde el principio, la mujer, al igual que el hombre, ha sido creada y puesta por Dios precisamente en este orden del amor» *(MD, 30).*

> «En este amor se da una afirmación fundamental de la mujer como persona, una afirmación gracias a la cual la personalidad femenina puede desarrollarse y enriquecerse plenamente. Así actúa Cristo como esposo de la Iglesia, deseando que ella sea "resplandeciente, sin mancha ni arruga" (Ef 5,27). Se puede decir que aquí se recoge plenamente todo lo que constituye el estilo de Cristo al tratar a la mujer. El marido tendría

que hacer suyos los elementos de este estilo con su esposa; y de modo análogo debería hacerlo el hombre, en cualquier situación, con la mujer» *(MD, 30).*

«El paradigma bíblico de la "mujer" parece desvelar también cuál es el verdadero orden del amor que constituye la vocación de la mujer misma. Se trata aquí de la vocación en su significado fundamental —podríamos decir universal—, que se concreta y se expresa después en las múltiples "vocaciones" de la mujer, tanto en la Iglesia como en el mundo» *(MD, 30).*

«La fuerza moral de la mujer, su fuerza espiritual, se une a la conciencia de que Dios le confía de un modo especial al hombre, es decir, al ser humano. Naturalmente, cada hombre es confiado por Dios a todos y cada uno. Sin embargo, esta entrega se refiere especialmente a la mujer —sobre todo en razón de su femineidad—, y ello decide principalmente su vocación» *(MD, 30).*

«La mujer es fuerte por la conciencia de esta entrega, es fuerte por el hecho de que Dios "le confía al hombre" siempre y en cualquier caso, incluso en las condiciones de discriminación social en las que pueda encontrarse. De este modo, "la mujer perfecta" (Prov 31,10) se convierte en un apoyo insustituible y en una fuente de fuerza espiritual para los demás, que perciben la gran energía de su espíritu. A estas "mujeres perfectas" deben mucho sus familias y, a veces, también las naciones» *(MD, 30).*

«En nuestros días... (el) progreso unilateral puede llevar también a una gradual pérdida de la sensibilidad por el hombre, por todo aquello que es esencialmente humano. En este sentido, sobre todo el momento presente espera la manifestación de aquel "genio" de la mujer que asegure en toda circunstancia la sensibilidad por el hombre, por el hecho de que es ser humano» *(MD, 30).*

En esta misma carta (cap. VI), el Papa habla de las dos dimensiones de la vocación de la mujer: maternidad y virginidad son dos aspectos de una sola dignidad. La mujer, cuando elige el amor conyugal, elige *el don recíproco de la persona en el matrimonio,* que se abre a su vez hacia el don de una nueva vida y que significa la participación de la mujer en *el gran misterio del eterno engendrar.*

La virginidad es otro camino para la mujer. Llamada desde el principio a ser amada y a amar, en la vocación de la virginidad responde al don total que de sí mismo hizo Cristo con el don sincero de toda su vida.

2. Promoción y liberación de la mujer

Ya Juan XXIII en la Encíclica *Pacem in Terris* (1963) calificó la presencia de la mujer en la vida pública como una de las tres notas más características de nuestra época. En 1965, el Concilio enseñó:

> «Las mujeres ya actúan en casi todos los campos de la vida, y es conveniente que logren asumir plenamente su papel, según su propia naturaleza. Es obligación de todos reconocer y promover la participación específica y necesaria de las mujeres en la vida cultural» *(GS, 60).*

Juan Pablo II dedica muchos de sus últimos mensajes a este tema:

> «Sin la contribución de la mujer, la sociedad es menos viva, la cultura menos rica, y la paz más insegura. Se consideran injustas no sólo para con las mujeres, sino para con toda la sociedad, aquellas situaciones en las que a las mujeres se les ha

impedido que realicen toda su potencialidad y que ofrezcan la riqueza de sus dotes» *(Angelus, 23-7-95).*

Ya en *Familiaris Consortio*, el Papa había resumido bien el sentir de la Iglesia:

> «No hay duda de que la igual dignidad y responsabilidad del hombre y de la mujer justifica plenamente el acceso de la mujer a las funciones públicas. Por otra parte, la verdadera promoción de la mujer exige también que sea claramente reconocido el valor de su función materna y familiar respecto de las demás funciones públicas y profesiones. Por otra parte, tales funciones y profesiones deben integrarse entre sí, si se quiere que la evolución social y cultural sea verdadera y plenamente humana... La sociedad debe estructurarse de manera que las esposas y madres no se vean de hecho obligadas a trabajar fuera de casa, y sus familias puedan vivir y prosperar dignamente, aunque ellas se dediquen totalmente a la propia familia. Se debe superar además la mentalidad según la cual el honor de la mujer deriva más del trabajo exterior que de la actividad familiar» *(FC, 23).*

En este apartado son especialmente interesantes algunos puntos del Informe de la Santa Sede para la IV Conferencia Mundial sobre la Mujer (Pekín 1995):

* Los procesos de democratización han ensanchado las posibilidades de participación completa de la mujer en los diversos ámbitos de la educación, de la economía, de la cultura y de la política.

* En las sociedades contemporáneas aparecen nuevas formas de alienación de la mujer y de explo-

tación de la misma como un objeto, que se han desarrollado favorecidas por una cultura hedonística e individualista, y que frecuentemente han sido alimentadas por las imágenes difundidas por los medios de comunicación.

* El hundimiento de los mitos y de las utopías que ha seguido al período de fuertes ideologías de los decenios 60-70, conlleva una tendencia a superar un «feminismo exasperado»; ya no se pretende la uniformidad o la igualdad indiferenciada de los dos sexos, sino que se es más sensible al «derecho a la diferencia», es decir, al «derecho a ser mujer.

* La «liberación» de la mujer, fundada sobre una manera de ver la vida familiar y la maternidad como un riesgo y una limitación, se manifiesta cada vez más engañosa. Tal «liberación», que deja a menudo a la mujer sola y descontenta, ayuda a descubrir que una verdadera promoción humana —de la mujer y del hombre— se apoya en la pertenencia a la familia, basada en el matrimonio de un hombre y una mujer, comunidad auténtica de amor y de vida, lugar irremplazable del ejercicio humano de toda persona.

* Las profundas transformaciones que la revolución tecnológica está provocando en el mundo de la producción y del trabajo —lo mismo que las reestructuraciones que implican transferimiento de empleo, reciclaje continuo, reducción del horario laboral, desarrollo de trabajo a tiempo parcial, empleos más personalizados y más flexibles— favorecen la búsqueda de nuevos equilibrios entre empleo remunerado, responsabilidades familiares, recreo y voluntariado.

3. Cuestionario

1. ¿Cómo tendríamos que valorar el papel de la mujer en nuestra propia familia, en nuestro entorno laboral, en nuestro entorno social?
2. ¿Cómo educamos a nuestros hijos en este sentido?
3. ¿En qué medida hemos de cambiar nuestras actitudes para que éstas sean más cristianas?
4. ¿Qué compromisos contraemos como personas, como familia y como equipo para adoptar una actitud más cristiana y transmitirla a nuestros hijos y a nuestro ambiente?

4. Para la oración

4.1. Lectura, reflexión y diálogo sobre este pasaje de la Palabra de Dios:

> «Una mujer de valía ¿quién la encontrará? Es más preciosa que las perlas... se viste de fortaleza y dignidad y mira gozosa al porvenir. Abre su boca con sabiduría, su lengua enseña con amor... se levantan sus hijos para felicitarla, su marido para elogiarla: "muchas mujeres demostraron su valía, pero tú las superas a todas". Engañosa es la gracia, vana la hermosura; la mujer que teme al Señor merece alabanza. Ensalzadla por el éxito de su trabajo, que sus obras la alaben en la plaza» *(Prov 31,10-31).*

4.2. Oración comunitaria

4.3. Acción de gracias por la mujer:

> «Te damos gracias, Señor, por el "misterio de la mujer" y por cada mujer, por las "maravillas" que has obrado en la historia por medio de ella.

Te damos gracias por todas las mujeres y por cada una: por las madres, por mi madre, por las hermanas, por las esposas; por las mujeres consagradas a Ti en la virginidad, por las dedicadas a servirte a ti en los seres humanos que esperan el amor gratuito de otra persona; por las mujeres que velan por el ser humano en la familia; por las que trabajan profesionalmente, cargadas a veces con grandes responsabilidades; por las mujeres "perfectas" y por las débiles.

Te damos gracias, Señor, por todas las manifestaciones del "genio" femenino a lo largo de la historia de los hombres y de los pueblos; por los carismas que tu Espíritu otorga a las mujeres en la historia de tu pueblo, por los frutos que debe a su fe profunda, a su esperanza constante y a su amor verdadero. Te damos gracias por todas las mujeres santas. Amén» *(Cf. MD, 30).*

BIBLIOGRAFÍA

1. JUAN PABLO II, Carta Apostólica *Mulieris Dignitatem*, sobre la dignidad y vocación de la mujer, BAC, Madrid 1988.
2. M. NARANJO, *¿Quién es usted?,* Mensajero, Bilbao 1995.
3. Informe de la Santa Sede para la IV Conferencia Mundial sobre la mujer, Pekín 1995.
4. R. OSPINA LEONGÓMEZ y H. ROJAS ZUBIETA, *La mujer: reflexiones bíblico-pastorales, visión eclesial de la mujer.* Boletín CELAM, Marzo 1994.
5. J. CALVO GUINDA, «Mujeres al borde de la Iglesia»: *Revista Aragonesa de Teología,* Enero 1996.

6
Las situaciones familiares irregulares

Objetivos

1. Conocer la realidad de las situaciones familiares irregulares.
2. Descubrir mi actitud personal, conyugal y de equipo ante estas situaciones.
3. Motivar en cada uno de nosotros los cambios de actitud que sean necesarios a la luz de la visión cristiana de la familia.

Introducción

Las corrientes personalistas aparecidas antes del Concilio Vaticano II dieron origen a nuevos planteamientos sobre el matrimonio que pretendieron destacar valores como el amor conyugal, la igualdad entre los cónyuges, la libertad entre ellos, etc. Esta visión del matrimonio fue enriquecedora en un primer momento, pero con el paso del tiempo ha originado enfrentamientos y rupturas en muchos matrimonios.

De esta manera, la institución del matrimonio, considerada como salvaguarda de los derechos de los cónyuges y de los hijos y de las verdaderas dimensiones personales de la vida conyugal y familiar, pasa a ser vista como un obstáculo para la realización del amor y el ejercicio de la libertad personal. Esta nueva visión del matrimonio afecta además a valores tan importantes como la fidelidad y la indisolubilidad del vínculo.

Con la secularización y la increencia, los valores éticos se debilitan. Los compromisos, el amor, el matrimonio y toda norma ética pasan a ser provisionales. El matrimonio deja de ser una institución que tiene su origen en el Creador y pasa a ser exclusivamente humana, cuyas características dependen sólo de los cambios culturales y de las decisiones de los individuos. Esto se traduce, de hecho, en una menor estabilidad del matrimonio y en la extensión del divorcio, apareciendo lo que se ha dado en llamar «familias irregulares».

Estas situaciones se difunden cada vez más, incluso entre católicos, originando un importante daño a la institución familiar. Entre los creyentes ha disminuido el número de los que se escandalizan ante ellas, pensando algunos que la Iglesia Católica es severa, exigente o, al menos, poco comprensiva. Vamos a adentrarnos en este tema para conocerlo y valorarlo adecuadamente.

PRIMERA REUNIÓN: MIRAMOS Y JUZGAMOS

«Dichoso el que con vida intachable
camina en la voluntad del Señor.
Dichoso el que, guardando sus preceptos,
lo busca de todo corazón»
(Salmo 118)

1. Tipos y causas

Familiaris Consortio dedica el capítulo IV de su cuarta parte a la pastoral familiar en casos difíciles. Después de referirse a las familias en situación especial (familias de emigrantes, familias monoparentales, familias divididas por ideologías, etc.) y de los matrimonios mixtos, se centra en las situaciones irregulares. Aquí, en aras de la brevedad, nos referimos únicamente a éstas.

1.1. *Uniones de hecho.* Un hombre y una mujer deciden vivir juntos, establecen —conscientemente o no— la modalidad de su unión y, eventualmente, la rompen cuando les conviene —con o sin acuerdo mutuo—, sin tener que dar cuenta de ello a nadie. Son uniones consensuadas, con cohabitación, sin ceremonia civil ni religiosa, rechazando toda forma de legalización de la relación entre el hombre y la mujer. Se trata de un pacto que durará lo que uno o los dos miembros de la pareja decidan, pues consideran que el amor es un asunto privado en el que la sociedad no tiene que entrar. No es un matrimonio legítimo, ya que no ha habido intercambio formal del consentimiento entre el hombre y la mujer. Pero parte de la sociedad actual admite esta situación como un hecho social protegible por las leyes y con la pretensión de que se acepte como una alternativa al matrimonio.

Entre las causas que pueden llevar a esta situación se pueden citar: posibles pérdidas económicas, desacuerdo con la institución familiar, ignorancia, pobreza, inmadurez psicológica, miedo al compromiso definitivo, comodidad y egoísmo, costumbres o tradiciones, etc.

1.2. *Casados civilmente.* En este caso se reconoce la dimensión social del amor. La sociedad reconoce los derechos que adquiere la pareja, y ésta debe ser consciente de que también contrae una serie de obligaciones con la sociedad. Estos derechos y deberes recíprocos están regulados por el Derecho de familia.

Esta situación no se puede comparar con la anterior, ya que en estas parejas existe, al menos, la voluntad de comprometerse a formar una familia más o menos estable, asumir derechos y obligaciones propias del estado matrimonial y buscar el reconocimiento público de la sociedad.

Se suele citar como causa más importante de esta situación el no desear el matrimonio sacramental por cuestiones religiosas, aunque también se debe indicar que en los tiempos actuales y en algunos sectores sociales es una moda. Puede estar presente también el temor a un compromiso definitivo.

1.3. *Separados que no se vuelven a casar.* La vida de la pareja puede pasar por momentos de incomprensión recíproca, incapacidad para las relaciones interpersonales, circunstancias que hacen muy difícil o imposible la convivencia conyugal... La separación puede llevarse a cabo tanto en el ámbito de lo civil como en el de lo eclesiástico. La Iglesia admite la separación física de los esposos y el fin de la cohabitación. Sin embargo, los esposos no dejan de ser marido y mujer delante de Dios, y no son libres para contraer una nueva unión.

1.4. *Divorciados que no se vuelven a casar.* La idea del divorcio cobra cada vez más importancia, incluso para aquellas personas que no piensan hacer uso del mismo. El primer efecto que produce su difusión es quitar importancia a la indisolubilidad del matrimonio, incluso de manera no consciente.

La pareja es frágil cuando no se basa en la fe en el otro, en la esperanza, en el amor abierto al perdón. Mujer y hombre llegan a ser incapaces de vivir juntos siendo diferentes. El «sí» del amor no encuentra eco cada mañana. ¿Qué sucede cuando la crisis llega a tal punto que la pareja se convierte en un verdadero infierno? ¿Qué ocurre cuando el amor y la felicidad, minimizados por el deseo y el placer, han muerto en la pareja? Lo habitual es que el hombre y la mujer se casen para toda la vida; sin embargo, por diversas causas, puede llegar la ruptura, el divorcio. En este caso es preciso aprender a vivir con la ausencia del cónyuge.

Dicen que, cuando un matrimonio se separa, un mundo se destruye; y es cierto, pues se derrumba el mundo de la pareja. Y esto lleva consigo otros muchos destrozos:

* En los divorciados se pueden producir decepciones, sentimientos de culpa, heridas sangrantes y profundas.

* Los hijos son casi siempre los más perjudicados, aunque es difícil saber en algunos casos qué es lo mejor para ellos: si la separación de los padres o el hecho de vivir en presencia de continuas tensiones y peleas.

* En muchos casos, el divorcio conduce a un estado de soledad, pues el divorciado o la divorciada no se pueden relacionar de la misma manera con los matrimonios amigos anteriores, aparte de que quedan excluidos de muchas reuniones familiares.

En muchas ocasiones, el divorcio puede ser un final anunciado. Por ello, lo verdaderamente importante para ayudar a las parejas en situaciones relacionales más o menos difíciles no consiste tanto en echar en cara los fallos o los defectos, sino en transmitir lo que hay que hacer para no desenamorarse y no divorciarse.

1.5. *Divorciados y vueltos a casar.* Ésta es la situación más difícil y que crea más problemas a las personas, a la sociedad y a la Iglesia. La construcción de una nueva familia con «los tuyos, los míos, los nuestros» puede ser muy compleja. Los hijos miran a la actual pareja siempre en referencia a sus experiencias con su anterior grupo familiar, lo que puede originar situaciones conflictivas o reconfortantes. Los padres habrán de estar muy atentos y responder a las demandas de los propios hijos, que precisan de especial protección en el período de formación de la nueva forma de familia, y además prestar atención especial para conocer mejor a sus hijastros.

Todo esto implica un proceso largo y lento de adecuación, tanto para los nuevos padres como para los hijos que han sido incorporados a una nueva estructura familiar. Para evitar más complicaciones, esto debe hacerse en un nuevo espacio geográfico: nueva casa, nueva escuela, nuevos compañeros... Hay que dar tiempo para poner a prueba la paciencia de los miembros de la nueva familia.

Está, por otra parte, el problema de la integración de la nueva familia en la vida de la comunidad cristiana. Siendo cristianos, ven recortadas sus posibilidades de participación en la vida sacramental[1].

---

1. En la resolución del Parlamento Europeo aprobada el 8 de febrero de 1994, se pide a la Comisión de la Comunidad Europea, entre otras cosas, que se recomiende a los Estados miembros eliminen la prohibición de contraer matrimonio o de acceder a regímenes jurídicos equivalentes a las parejas de homosexuales o de lesbianas, y que se ponga fin a las restricción del derecho de éstos a ser padres y a adoptar o criar niños. Es evidente que la extensión de estos «derechos» daría lugar a una sociedad radicalmente distinta de la actual. Este asunto se aborda en un tema específico más adelante.

2. Actitudes típicas ante estas situaciones

Nuestras actitudes ante las situaciones familiares irregulares pueden ser de muy diversa índole. En muchas ocasiones, las actitudes pueden depender de nuestra relación personal con alguna situación de las descritas.

1. Puede haber rechazo. Generalmente depende de nuestra formación, creencias religiosas e incluso experiencias personales. Será preciso preguntarse si lo que se rechaza son las personas o las situaciones en las que éstas se encuentran.
2. Puede haber indiferencia («todo me da igual»; «no me interesa lo que al otro le ocurra»...), pero no por respeto a la persona, sino por el deseo de no complicarse la vida con los problemas de los demás. La indiferencia se relaciona a veces con una interpretación errónea de la tolerancia, más quizá por no complicarse la vida que por un respeto auténtico a las opciones ajenas.
3. Actitud propia de una moral «de masas»: todo da igual, pues nuestro concepto de lo bueno o lo malo depende de que «todo el mundo lo hace o lo deja de hacer», sin pensar por qué se hace, o si hay alguna razón objetiva que haga buena o mala una determinada actitud o postura ideológica.
4. Compasión (padecer con) y respeto a las decisiones de las personas que optan por estas situaciones, sin que ello signifique que se las justifica ni que se comparte la idea que origina la situación.
5. Acogerlos y acompañarlos en su soledad y ser «paño de lágrimas» para sus sufrimientos y heridas, antes, durante y después del proceso que estas personas sufren, sea cual sea el resultado final.

6. Acercarse a ellos con espíritu fraternal y no paternalista. La cercanía, el diálogo y el acompañamiento para ayudarles a regularizar su situación deben hacerse con discreción y respeto.

7. Reconocer el testimonio que muchos separados dan al asumir con fidelidad y coherencia su soledad, sus dificultades y sus sufrimientos. Igualmente, el de muchos matrimonios cristianos que día a día dan auténtico testimonio de vida conyugal y familiar, de vivencia del sacramento, de fidelidad y de indisolubilidad.

8. Apoyo y aliento a los que viven estas situaciones para que sigan unidos a la comunidad cristiana por medio de la oración, el servicio a los demás (quizá su experiencia pueda servir de ayuda a otras parejas y familias en crisis), la escucha de la palabra de Dios, la educación cristiana de sus hijos.

9. Hay padres valientes y no indiferentes, que muestran a sus hijos con claridad que no están de acuerdo con estas situaciones irregulares y, al mismo tiempo, les abren el corazón para ayudarles en lo que puedan necesitar.

10. Tratar de acercarlos a la Iglesia, aprovechando las reuniones familiares, los actos religiosos de sus hijos o familiares (comunión, confirmación, matrimonio), enfermedades o fallecimientos, para intentar su integración en la comunidad cristiana y familiar y ofrecerles con sencillez nuestro amor fraterno y nuestra ayuda en la búsqueda de una vida de fe.

3. Cuestionario

1. ¿Qué actitudes típicas de las presentadas consideras más frecuentes? ¿Por qué? ¿Podrías añadir alguna otra?
2. ¿Cuáles crees que son tus actitudes dominantes ante ellas? ¿Y las de tu familia? ¿Y las del equipo? ¿Y las de tu ambiente?

4. Para la oración

4.1. Leer, reflexionar y comentar las palabras del Señor, terminando con una oración comunitaria:

> «Sed compasivos como vuestro Padre es compasivo. No juzguéis y no seréis juzgados; no condenéis y no seréis condenados; perdonad y seréis perdonados. Dad y se os dará. Porque con la medida con que midáis se os medirá» *(Lc 6,36-38).*

4.2. Oración: «Renazca el amor cada mañana»

«Señor, y sucedió una vez
que sobre la tierra desnuda y virgen
brotó de improviso una flor hecha de nieve y fuego.
Fue llama que extendió un puente de oro
entre las dos riberas,
guirnalda que engarzó para siempre
nuestras vidas y nuestros destinos.
Señor, Señor,
fue el amor con sus prodigios,
ríos, esmeraldas e ilusiones.
¡Gloria a Ti, horno incandescente del amor!
Pasó el tiempo,
y en el confuso esplendor de los años
la guirnalda perdió frescor,
y la escarcha envolvió la llama
por sus cuatro costados;
la rutina, sombra maldita,

fue invadiendo, sin darnos cuenta,
y penetrando todos los tejidos de la vida.
Y el amor empezó a invernar.

Señor, Señor,
fuente de amor; dobladas las rodillas
desgranamos ante Ti nuestra ardiente súplica:
Sé Tú en nuestra casa lámpara y fuego,
pan, piedra y rocío,
viga maestra y columna vertebral.
Restaña las heridas cada noche
y renazca el amor cada mañana
como fresca primavera.
Sin Ti nuestros sueños rodarán por la pendiente.
Sé Tú para nosotros escarlata de fidelidad,
espuma de alegría y garantía de estabilidad.
Mantén, Señor, alta como las estrellas
la llama del amor en nuestro hogar,
y la unidad, como río caudaloso,
recorra e irrigue nuestras arterias
por los días de los días.
Sé Tú, Señor Dios,
el lazo de oro que mantenga nuestras vidas
incorruptiblemente entrelazadas
hasta la frontera final y más allá. Amén»

(I. Larrañaga)

SEGUNDA REUNIÓN: CON OJOS Y CORAZÓN CRISTIANOS

«Ábreme los ojos, Señor,
y contemplaré las maravillas de tu voluntad»
(Salmo 118)

Introducción

El Concilio Vaticano II nos recuerda que «la humanidad se encuentra hoy en un nuevo período de su historia en el que se producen profundos y rápidos cambios en todo el universo» *(GS, 4)*. La familia, célula vital y primera de la sociedad, ha sufrido como ninguna otra institución estas transformaciones sociales y culturales (cf *FC, 1,1; GS, 8,3*). La Iglesia se ha preocupado de las distintas situaciones de la familia, conjugando la verdad y la misericordia evangélicas, procurando seguir fielmente las enseñanzas de Jesús[2].

1. Criterios generales

La atención que la comunidad cristiana debe prestar a todas las personas que viven en semejantes situaciones debe guiarse por los siguientes criterios.

1.1. *Compaginar fidelidad a Jesucristo y caridad*

* La Iglesia es ella misma en la medida en que es fiel a la palabra, la voluntad y el ejemplo de Jesucristo. Cuando trata de acompañar a sus hijos implicados en estas situaciones irregulares, debe guiarse por el mensaje bíblico-cristiano sobre el matrimonio y la familia.
* Debe mantenerse en la fidelidad a Cristo, aunque corra el riesgo de la incomprensión y de la impopularidad. Ella sabe que es madre amorosa, porque es esposa virgen de Cristo, es decir, fiel a su palabra y a su mandamiento: el amor de la Iglesia hacia las almas no puede entenderse sino como fruto y signo de su amor hacia Cristo.
* Por lealtad a Jesucristo, quiere también tratar de modo justo los casos límite. Por eso, a la claridad y la intransigencia en los principios trata de unir la comprensión y la misericordia.

2. Seguimos la exposición que hace el *Directorio de Pastoral Familiar* de la Provincia Eclesiástica de Granada, el más reciente documento eclesial sobre el tema que nos ocupa.

1.2. *Respetar los principios irrenunciables*

> «Para los casados hay una orden del Señor, no mía, que manda que la mujer no se separe del marido. Si hubiese de separarse, que permanezca sin casarse o se reconcilie con su marido. Y que el marido tampoco se divorcie de su mujer» *(1 Cor 7,10-11)*. «Porque el amor entre marido y mujer es imagen y participación del amor de Cristo por su Iglesia, amor siempre fiel» *(Ef 5,25-32)*.

La indisolubilidad del matrimonio no es un bien del que la Iglesia puede disponer a su arbitrio, sino un *don* y una *gracia* que ha recibido de lo alto, y por ello sigue afirmando con toda claridad que no le es lícito al hombre separar lo que Dios ha unido (cf. *Mt 19,6*). En consecuencia, enseña que cualquier situación matrimonial que niegue o no respete este valor constituye un desorden moral grave.

Al mismo tiempo enseña que quienes viven en una situación irregular *siguen perteneciendo* a la Iglesia por el bautismo y están llamados a vivir en plenitud la fe cristiana. Justamente por eso, la comunidad cristiana puede y debe cuidarse de ellos y les insta a seguir participando en la vida y misión de la Iglesia en la medida en que lo permite su especial situación (cf. *FC, 84,3*).

Quienes viven en una situación matrimonial irregular, aunque siguen perteneciendo a la Iglesia, *no están en plena comunión* con ella, pues el Evangelio propone y exige a los cristianos la unión entre un hombre y una mujer «en el Señor», con un amor recíproco y una fidelidad para toda la vida. Por eso la Iglesia no admite de hecho al sacramento de la penitencia y al de la comunión eucarística a cuantos viven en una situación que contradice objetivamente la naturaleza del matrimonio cristiano (cf. *FC, 84,4*).

Como a los demás fieles cristianos, también a éstos hay que seguir proclamándoles el Evangelio y la necesidad de conversión, que conlleva un cambio real de vida como condición indispensable para la reconciliación y la plena comunión sacramental con la Iglesia.

1.3. *Acercarse al hermano desde la misericordia.* Ante la situación de estos hermanos, la comunidad cristiana debe saber acogerlos, salir a su encuentro, ofrecerles la ayuda necesaria.

En lugar de fijarse en sus carencias y en que no pueden vivir la plenitud sacramental, hay que alentarles a mantenerse unidos a la comunidad en la oración, en el servicio de la caridad, en la escucha de la Palabra de Dios, en la educación cristiana de sus hijos... Dios, que es Padre de todos y que nos busca a cada uno con el amor abnegado del Buen Pastor, no dejará de sostener su fe y su esperanza. Esto no es ocultar el problema; es lo que recomienda el Magisterio de la Iglesia, que anima a quienes están en estas situaciones a

> «...escuchar la Palabra de Dios, frecuentar el sacrificio de la Misa, perseverar en la oración, incrementar las obras de caridad y las iniciativas de la comunidad en favor de la justicia, educar a los hijos en la fe cristiana, cultivar el espíritu y las obras de penitencia, para implorar de este modo, día a día, la gracia de Dios» *(FC 84,3).*

1.4. *Fomentar las acciones preventivas.* Conocidas las dificultades que existen para vivir la unidad, la fidelidad y la estabilidad del matrimonio y de la familia, hay que anticiparse mediante una mejor preparación al matrimonio cristiano y la ayuda a las parejas con problemas.

Esto significa educar a las personas, ya desde la catequesis infantil, para la convivencia; preparar agentes especializados en Pastoral Familiar; abrir Centros de Orientación Familiar allí donde sea posible; organizar grupos y encuentros para novios y para matrimonios...

1.5. *La declaración de nulidad es una posibilidad canónica.* Hacia ella hay que orientar a los matrimonios rotos o que atraviesan por graves dificultades. Porque no pocos matrimonios, sobre todo los que experimentaron esas dificultades desde el principio, nunca fueron auténticos matrimonios por algún defecto de consentimiento: falta de discreción de juicio o de libertad, incapacidad psíquica para constituir una auténtica comunidad de vida y amor conyugal, etc.

No conviene, sin embargo, despertar vanas ilusiones. Los miembros de los tribunales eclesiásticos, por muy humanos y sensibles que sean pastoralmente, sólo pueden declarar la nulidad de un matrimonio después de haber reunido las pruebas canónicamente suficientes.

2. Las situaciones concretas

2.1. *Uniones de hecho.* Externamente, la «unión de hecho» tiene todas las características de un matrimonio; sin embargo, no lo es, porque no ha habido un intercambio formal y público del consentimiento matrimonial entre un hombre y una mujer.

La sensibilidad contemporánea tiende a legitimar estas convivencias. Pero la Iglesia no puede admitirlas, porque contradicen el sentido profundo del amor conyugal.

En primer lugar, porque «no se puede hacer un "experimento" con personas humanas, cuya dignidad exige que sean siempre y únicamente término de un amor de donación, sin límite alguno ni de tiempo ni de otras circunstancias» *(FC, 80,1)*.

Además, porque «el don del cuerpo en la relación sexual es el símbolo real de la donación de toda la persona... (y) en la situación actual tal donación no puede realizarse con plena verdad sin el concurso del amor de caridad dado por Cristo» *(FC, 80,2)*.

En tercer lugar, porque el amor conyugal requiere, por su misma naturaleza, un reconocimiento y una legitimación social y, entre los cristianos, también eclesial.

Y, finalmente, para la Iglesia existen otros «motivos ulteriores y originales derivados de la fe: El matrimonio entre dos bautizados es el símbolo real de la unión de Cristo con la Iglesia, una unión no temporal o "ad experimentum", sino fiel eternamente; por tanto, entre bautizados no puede haber más que un matrimonio indisoluble» *(FC, 80,2)*.

Estas situaciones y motivaciones constituyen un reto para la Iglesia, por las graves consecuencias religiosas, morales y sociales que de ellas se derivan (cf. *FC 81,3*). Toda la comunidad cristiana está llamada a asumir su parte de responsabilidad ante ellas, para tratar de aliviarlas. He aquí algunas posibilidades:

* Cercanía, diálogo y acompañamiento a estas personas «con discreción y respeto», de manera que se les pueda allanar el camino para que regularicen su situación.
* Testimonio de coherencia por parte de los matrimonios y familias cristianos, para que puedan descubrir la grandeza del matrimonio sacramento, fiel y estable.
* Por parte de los padres, una actitud y un comportamiento equidistantes del indiferentismo, que

sería una traición a su fe cristiana, y del rigorismo, que implicaría negar la misericordia. Han de manifestar con claridad a sus hijos su actitud y sus convicciones contrarias a estas situaciones irregulares, pero deben tratar también de respetar unas decisiones que no pueden justificar ni compartir, evitando la ruptura total con ellos.

* La gravedad de este fenómeno es tal que el pueblo de Dios tiene que fomentar y apoyar iniciativas políticas que reconozcan y protejan con más nitidez el matrimonio y la familia. Hay que favorecer el matrimonio legítimo con medidas sociales y políticas que garanticen el salario familiar, una vivienda asequible y adecuada a la vida familiar, así como unas posibilidades de trabajo que permitan a los jóvenes estar en condiciones de casarse como conviene (cf. *FC 84,5*); sin otorgar reconocimiento jurídico a las parejas no casadas, pues su situación «no debe ponerse al mismo nivel que el matrimonio debidamente contraído» *(CDF, art. 1c).*

Y aunque la mayoría de las personas que viven en esta situación se encuentran apartadas de la Iglesia, es necesario aprovechar las oportunidades que se presenten (la iniciación sacramental de los hijos) para favorecer su integración plena en la comunidad cristiana, pues mientras permanezcan en esta situación de «matrimonio a prueba» o de simple convivencia de hecho, no pueden recibir los sacramentos.

2.2. *Los católicos casados únicamente «por lo civil».* Esta situación no debe equipararse a la de quienes conviven sin vínculo alguno, porque en tales parejas existe la voluntad de comprometerse con un estado de vida concreto —y, en principio, estable—, asumir los derechos y las obligaciones propios del matrimonio y buscar su reconocimiento público por parte del Estado. No obstante, «tampoco esta situación es aceptable para la Iglesia» *(FC, 82),* pues para los católicos el único matrimonio válido, que los constituye marido y mujer ante el Señor, es el sacramento celebrado según la «forma canónica».

La actitud eclesial debe ser de cercanía a estas parejas, mediante el diálogo respetuoso y fraterno de sacerdotes, familiares y amigos. Este diálogo debe tener en cuenta los motivos que han llevado a la pareja a optar por el matrimonio civil y a rechazar o diferir el matrimonio religioso: pérdida de la fe, desconocimiento del significado religioso del matrimonio, presiones ideológicas, tendencia a vivir la unión matrimonial casi como un «experimento»... Conocidas las motivaciones, se puede centrar el diálogo para reflexionar con estos hermanos y hermanas sobre su fe y su bautismo y las exigencias de los mismos. En efecto, el problema de fondo no es simplemente el de poner en orden una situación «anormal», sino el de abordar con la pareja su vida de fe. El diálogo puede mostrarnos que conviene animarles a participar en la vida de la comunidad cristiana, dentro de los límites que impone su situación, y a recibir la preparación catequética necesaria para el matrimonio.

Los católicos casados sólo civilmente no pueden ser admitidos a la absolución sacramental y a la comunión eucarística (cf. *FC, 82*), ni se les debe confiar encargos o servicios que requieren la plenitud del testimonio cristiano y de comunión con la Iglesia.

2.3. *Los separados que no se han vuelto a casar.* Cuando existe una incapacidad, que se presume permanente, para mantener relaciones interpersonales aceptables entre marido y mujer, la Iglesia admite la separación física de los esposos y el fin de la cohabitación (cf. *CIgC, 1.649*). Aun así, «la separación debe considerarse como un remedio extremo, después de que cualquier intento razonable haya sido inútil» *(FC, 83,1).* Y «los esposos no dejan de ser marido y mujer delante de Dios; ni son libres para contraer una nueva unión» *(CIgC, 1.649).*

Cuando los esposos toman esta decisión de acuerdo con las condiciones señaladas por el Código de Derecho Canónico (cf. *can. 1.152-1.153*), la comunidad cristiana ha de acercarse a ellos con discreción y espíritu de solidaridad. Entre las diversas ayudas que puede prestarles, están las siguientes:

* Reconocer el testimonio de fidelidad y de coherencia que ofrecen estos cónyuges al asumir el sufrimiento, la soledad y las dificultades que la nueva situación conlleva (cf. *FC, 83,2*).

* Sostenerlos, brindándoles comprensión y ayuda, de manera que puedan superar la tentación de encerrarse en sí mismos y de alejarse de la comunidad.

* Ayudarles frente a la presión social que les induce a recurrir al divorcio o al matrimonio civil.

* Alentarles a «cultivar la exigencia del perdón, propio del amor cristiano, y la disponibilidad a reanudar eventualmente la vida conyugal anterior» *(FC, 83,2).*

Los esposos cristianos que se han separado o que han sido abandonados y que, por convicción interior, no piensan contraer una nueva unión, no están sometidos a ningún tipo de limitaciones con respecto a su papel activo en la Iglesia y a su vida sacramental.

2.4. *Los divorciados que no han contraído un nuevo matrimonio.* Es necesario distinguir entre, por una parte, el caso del cónyuge que ha tenido que sufrir el divorcio, aceptarlo o recurrir a él obligado por el bien suyo y el de los hijos y, por otra, el de la persona que ha solicitado y obtenido el divorcio después de haber provocado su ruptura con un comportamiento moral inaceptable. En todo caso, un cónyuge cristiano no debe acceder al divorcio si no es por muy graves motivos, y teniendo siempre muy claro que tal divorcio equivale a una separación que no rompe el vínculo conyugal.

El cónyuge que ha tenido que sufrir el divorcio, si no se ha vuelto a casar y se compromete a cumplir con sus deberes familiares en lo que de él depende, a efectos de su práctica sacramental se halla en situación análoga a la de los separados no casados de nuevo.

El cónyuge moralmente responsable del divorcio y que no se ha casado de nuevo debe dar señales de una verdadera conversión para poder acceder a los sacramentos. En particular, ha de ser consciente de que, pese al divorcio, ante Dios se halla ligado por el vínculo matrimonial, y de que la separación en que vive sólo es lícita si se debe a motivos moralmente válidos que hacen inoportuno o imposible reemprender la convivencia conyugal. La comunidad cristiana debe sostenerlo y ayudarle a emprender todos los pasos que puedan enderezarse a la eventual reanudación de la convivencia conyugal y superar la posible tentación de casarse de nuevo.

2.5. *Los divorciados que se han casado de nuevo.* La experiencia diaria enseña que «quien ha recurrido al divorcio tiene normalmente la intención de pasar a una nueva unión, obviamente sin el rito religioso católico» *(FC, 84,1).* Es éste un problema pastoral muy grave, que plantea serios interrogantes a la Iglesia en el campo de la reflexión teológica y de la práctica eclesial.

Siguiendo el ejemplo de Jesús, que perdona a la persona caída (cf. *Jn 8,1-11*) y busca a los alejados (cf. *Lc 15*), la Iglesia abre sus brazos a todos sus hijos. Pero es consciente también de que no está en sus manos prescindir de la enseñanza del Señor, que vincula su misericordia sin límites a una seria disponibilidad de conversión (cf. *Jn 8,11*). Aunque tiene que ir contra corriente,

> «...la Iglesia mantiene, por fidelidad a la palabra de Jesucristo (cf. Mc 2,11-12), que no puede reconocer como válida esa nueva unión (civil) si era válido el primer matrimonio. Si los divorciados se vuelven a casar civilmente, se ponen en una situación que contradice objetivamente la ley de Dios. Por lo cual, no pueden acceder a la comunión eucarística mientras persista esta situación, y por la misma razón no pueden ejercer ciertas responsabilidades eclesiales» *(CIgC, 1.650).*

Esta normativa, sin embargo, no tiene un sentido punitivo o discriminatorio hacia los divorciados vueltos a casar, sino que expresa una situación objetiva que, de por sí, hace imposible el acceso a la comunión eucarística.

Es doctrina constante y universal, fundada en la Sagrada Escritura, que, por lo que se refiere a los divorciados vueltos a casar,

> «...su estado y situación de vida contradicen objetivamente la unión de amor entre Cristo y la Iglesia, sig-

nificada y actualizada en la Eucaristía. Por consiguiente, si estas personas fueran admitidas a la Eucaristía, los fieles serían inducidos a error y confusión acerca de la doctrina de la Iglesia sobre la indisolubilidad del matrimonio» *(FC, 84,4).*

No obstante, puesto que los divorciados que se han vuelto a casar pertenecen a la comunidad de la Iglesia, deben sentirse acogidos en ella y por ella. Y, en este sentido, tiene que ofrecer signos visibles de cercanía a quienes están viviendo en sus carnes la ruptura siempre dolorosa de su matrimonio:

«[La Iglesia] no puede abandonar a sí mismos a quienes —unidos ya por el vínculo matrimonial sacramental— han intentado contraer nuevas nupcias» *(FC, 84,1).*

El pueblo de Dios los considera miembros suyos y desea tratarlos con amor fraterno, animándolos a conservar viva su fe, a participar en la oración, a celebrar la eucaristía aunque no puedan comulgar, a dejarse iluminar por la Palabra y por la doctrina de la Iglesia y a encarnar en su vida todos los valores evangélicos que, según la suprema ley de la caridad, les resulte posible en su situación (cf. *FC, 84,3*).

Dentro de sus posibilidades, también ellos están llamados a vivir un proceso de conversión y de apertura a Dios. Y la Iglesia invita encarecidamente a «sus hijos, que se encuentran en estas situaciones dolorosas, a acercarse a la misericordia divina por otros caminos (no sacramentales)... mientras no hayan alcanzado las disposiciones requeridas» *(RP, 34,2).* Pues «el esfuerzo sincero por mantenerse en contacto con el Señor, la participación en la misa, la repetición frecuente de actos de fe, esperanza y caridad, de dolor lo más perfecto posible, podrán preparar el camino hacia una reconciliación plena en la hora que sólo la Providencia conoce» *(RP, 34,5).*

La comunidad cristiana y cada uno de sus miembros, aunque reconocen esta situación como objetivamente desordenada, han de abstenerse de juzgar la intimidad de las conciencias, pues tal juicio pertenece sólo a Dios (cf. *Mt 7,1*).

Todos los cristianos procuren ofrecerles el testimonio de su amor fraterno y alentarles en la búsqueda de una vida de fe plena. Aprovechen para ello todas las ocasiones propicias: enfermedad o muerte de un familiar, nacimiento de un hijo y solicitud del bautismo, encuentros en la escuela y en la catequesis...

3. Cuestionario

1. Tras el estudio de la Palabra de Dios y la doctrina de la Iglesia, ¿qué características más importantes crees que debe tener una actitud cristiana ante cada una de las situaciones familiares irregulares?
2. ¿Reconoces ahora valores cristianos en otras actitudes diferentes de las tuyas, de las de tu familia, tu equipo, tu ambiente?
3. ¿En qué medida hemos de cambiar nuestras actitudes para que éstas sean cristianas?
4. ¿Qué propósitos o compromisos hacemos como persona, como pareja, como familia y como equipo para adoptar una actitud cristiana y transmitirla a nuestros hijos y a nuestros ambientes?

4. Para la oración

4.1. Utilizar alguno de los textos indicados más arriba. Cada miembro de la pareja puede elegir uno y poner después en común el comentario del texto. De manera similar puede hacerse en la reunión del equipo. Terminar con una oración comunitaria.

4.2. Oración para pedir una actitud acertada:

«Señor Jesús: Tú nos mostraste una familia en la que la comprensión, la responsabilidad, el perdón, la cooperación, en definitiva el AMOR, fueron la pauta de comportamiento. Era todo un plan, una forma de vivir y de entendernos los seres humanos. Sin embargo, los hombres y las mujeres de este mundo hemos establecido otros patrones y modelos muy distintos de los que Tú propusiste.

Te pedimos, en primer lugar, perdón por la parte de responsabilidad que todos y cada uno de nosotros tenemos. Por no haber sido valientes en defender, propagar y propiciar el modelo de familia que Tú propusiste. Perdón por las muchas veces que antepusimos nuestros intereses personales o nuestra conveniencia a tu doctrina.

Te pedimos fe para seguir confiando en Ti como fuente de vida, de comprensión y de perdón; de fortaleza y de discernimiento; de aceptación de tu voluntad.

Te pedimos esperanza en tu palabra, que nos alimente en los momentos difíciles en los que nuestros hermanos pasan por la difícil prueba del desamor, del egoísmo, de la separación, de no saber luchar contra la moda del hedonismo.

Te pedimos caridad para aceptar a nuestros semejantes aunque no comportamos sus ideas, opiniones, actuaciones, decisiones, comportamientos, etc.

Te pedimos prudencia para actuar en las situaciones en las que podamos encontrarnos por causa de planteamientos familiares alejados de los que Tú propusiste.

Te pedimos justicia para saber distinguir claramente tu Justicia de la humana. Para aprender y difundir que las cosas no son buenas o malas por el simple hecho de que sean muchas o pocas las personas que las hacen, estén o no de moda, pues Tú estableciste el modelo de vida que debemos adoptar para seguirte.

Te pedimos fortaleza de espíritu para no acobardarnos ante la fuerza del mal que nos invade. Para proclamar tu modelo de vida y vivir de acuerdo con él.

Para publicarlo aun en contra de las opiniones de nuestros hijos, amigos y del resto de la sociedad. Para ir contracorriente, como Tú lo hiciste.

Te pedimos templanza para no dejarnos llevar de nuestras primeras impresiones, de nuestra tendencia a presentar nuestros planteamientos como los únicos posibles, de nuestro orgullo, de nuestro egoísmo, de nuestra supuesta autoridad sobre los demás.

Envíanos, Señor, el Espíritu para que las virtudes que te pedimos arraiguen en nosotros y crezcan para bien de la Humanidad. Amén».

BIBLIOGRAFÍA

1. JUAN PABLO II, Exhortación apostólica *Familiaris Consortio* (1981), nn. 79-84.
2. *Catecismo de la Iglesia Católica* (1992), nn. 2.382-2.386; 2.390-2.391.
3. PROVINCIA ECLESIÁSTICA DE GRANADA, *Directorio de Pastoral familiar* (1996), cap. VI.
4. E. LÓPEZ AZPITARTE, *Ética de la sexualidad y del matrimonio,* Madrid 1992, 415-435.

7
La inmigración

Objetivos

1. Que las familias descubran cuál es la situación y los problemas que plantea la inmigración entre nosotros.
2. Descubrir y analizar las actitudes que las familias en general adoptamos ante el hecho de la inmigración.
3. Buscar actitudes de tolerancia ante la pluralidad y la diferencia cultural.

Presentación del tema

Según afirman los sociólogos, las migraciones constituirán uno de los problemas más graves de los años venideros y del tercer milenio. España ha tenido épocas de grandes emigraciones, pero hoy es un país de inmigración. Los inmigrantes materializarán en el futuro una peculiar presencia del Tercer Mundo (africanos, sudamericanos, asiáticos...) en nuestros pueblos y ciudades.

Todos hemos conocido directamente o a través de los medios de comunicación múltiples y diferentes hechos de vida que esta realidad social está ocasionando. Las más de las veces, nos hemos enterado de los aspectos negativos de la inmigración, pasando desapercibida la aportación enriquecedora de los inmigrantes y de los gestos de solidaridad gratuita que tienen muchas familias y personas para con ellos.

Desgraciadamente, la generalidad de nuestra sociedad occidental reacciona con tendencias racistas y xenófobas, y las familias y las clases trabajadoras no son ajenas a estas reacciones. La aceptación del extraño es, ante todo, un problema laboral, pero también cultural: se trata de convivir con personas cuya forma de entender y vivir la vida es tan diferente de la nuestra que puede llegar a hacernos pensar que son menos humanas.

Al ser un problema cultural, es también un problema de opinión pública: las medidas de la administración, tanto central como local, dependerán en muchos casos del sentir popular; por eso, una corriente de opinión, unas actitudes de aceptación del «otro», del «diferente», serán decisivas para crear un tipo de sociedad más abierta y acogedora.

PRIMERA REUNIÓN: MIRAMOS Y JUZGAMOS

«Pero nosotros, confiados en la promesa del Señor,
esperamos un cielo nuevo y una tierra nueva,
donde habite la justicia»
(2 Pe 3,13-14)

1. Los hechos y sus causas

1.1. *Nuestros inmigrantes.* El inmigrante que ocupa nuestra atención es el extranjero que viene a España con objeto de ganarse la vida trabajando en una actividad escasamente cualificada, apenas reconocida socialmente y, por lo general, no deseada por nosotros. Se incluye, pues, al denominado «inmigrante económico» y al refugiado o desplazado por razones político-sociales, con sus respectivas familias, que están dispuestos a trabajar en las referidas condiciones: ambos son inmigrantes pobres que vienen a nuestro país con la esperanza de ganarse la vida con un trabajo honrado.

El inmigrante tipo sería un asalariado, discriminado en las condiciones laborales, que se ocupa preferentemente en la venta ambulante, la agricultura, la hostelería, la construcción, el servicio doméstico, etc., en una situación legal inestable y con grandes dificultades para vivir en familia. Su situación social es de enorme precariedad, no sólo por su penuria económica, sino también porque, en su condición de extranjero, de «inmigrado», recibe un trato desfavorecedor, tanto en el plano legal como en el de la práctica administrativa, en relación con los extranjeros con recursos económicos.

1.2. *Diversos factores.* La complejidad de los movimientos migratorios, que son un hecho de todos los tiempos, es un reflejo de la variedad de motivos que los impulsan. Hay causas de todo tipo: sociales, económicas, políticas... La libre circulación del capital y el poder de las empresas multinacionales han configurado también un nuevo mercado mundial del trabajo. Influyen la descolonización, las guerras, la diferencia de bienestar, aspectos culturales y religiosos... Al comparar el estado de bienestar, las personas se inclinan hacia donde perciben unas mayores ganancias económicas y una esperanza de mejora en la calidad de vida.

También son complejas las causas de las diversas reacciones frente a los inmigrantes: causas laborales, sociales, culturales, religiosas, etc. provocan actitudes muy diversas, con frecuencia poco racionales.

1.3. *Una experiencia dolorosa.* Los inmigrantes empiezan su nueva vida con un pasado a cuestas, con unos recuerdos de los que jamás podrán librarse: el miedo y la incertidumbre antes de partir, el recuerdo de las violencias o el hambre padecida por sus familias; muchas veces, las huellas de la muerte de sus propios familiares, las circunstancias de la huida... Estas personas viven con la esperanza de poder regresar a sus casas. Recuerdan su tierra y la casa de sus padres, o a la mujer y los hijos que quedaron en su país de origen, y viven con la esperanza de poder regresar algún día.

¿Y con qué se encuentran? Con un idioma que no conocen, con unas costumbres y unas comidas que les resultan extrañas. Para muchos de ellos, es la primera vez que se alejan de los suyos, y esto les produce depresión y angustia.

No pocos españoles vivieron en propia carne similar situación en los años siguientes a la Guerra Civil o en la década de los sesenta, cuando se emigraba a Alemania en busca de trabajo. Sufrieron el desarraigo social, la inseguridad y las privaciones, la segregación de sus conocidos y amigos de siempre, la separación de sus familias, el aislamiento religioso... Lo que más les dolía, en el fondo, era el hecho de encontrarse de golpe no siendo más que un número o un instrumento de producción, no siendo nadie para sus interlocutores o compañeros de trabajo, con la consiguiente pérdida de dignidad y de identidad cultural.

2. Las actitudes

1. La primera actitud suele ser la discriminación y la falta de respeto a la dignidad de las personas. Las condiciones de trabajo, por ejemplo para los

temporeros agrícolas magrebíes o africanos de color, suelen ser sumamente deficientes. En ocasiones, la situación de excluidos que padecen estos inmigrantes les aboca a ambientes indeseables, cuando no directamente a la delincuencia. Se les contrata para los trabajos más difíciles, con salarios por debajo de lo legal; se les proporcionan lugares indignos de ser habitados por seres humanos, sin agua corriente, sin luz eléctrica, sin servicios higiénicos... Lugares que son ocupados por varias familias, donde duermen en una sola habitación padres, hijos mayores, hijos menores, niños y niñas, todos juntos... Lugares situados, por lo general, en zonas descampadas, en establos u otros habitáculos similares.

2. A los inmigrantes se les mira como uno de los más graves peligros para las naciones europeas, en todas las cuales existe un importante excedente de mano de obra autóctona que da lugar a un grave problema de paro, y se tiene la experiencia de que el inmigrante temporal al servicio de una coyuntura económica puede desear instalarse definitivamente, reclamando su equiparación de derechos socio-laborales y el respeto a su propia cultura. Así se percibe la inmigración en Europa, donde reina la psicosis de la invasión por «moros» y «negros». Es frecuente oír en las tertulias sobre este acontecimiento social frases alarmistas como: «nos invaden», «estamos perdiendo nuestras costumbres»...

3. También es frecuente la insolidaridad. En un pueblo de Extremadura, en una comarca acostumbrada a ver inmigrantes para la recogida de los frutos del verano, el pueblo en masa no permite la instalación de un campamento de trabajadores temporeros portugueses. Razonaban que venían a

quitarles el trabajo, cuando se sabe que la campaña de recogida de fruta es de sólo quince o veinte días, y es preciso acumular jornaleros para no perder la cosecha.

4. Las personas y las familias de nuestras ciudades y pueblos se sienten manipuladas, engañadas e irrelevantes en la democracia participativa, al tiempo que impotentes ante las corrupciones, congelaciones de salarios, gastos suntuosos y promesas engañosas. La apatía y la desmoralización ciudadana sólo se rompen cuando perciben que determinada decisión les amenaza. Entonces se movilizan y salen a la calle, incapacitadas, sin embargo, para el diálogo. En esta situación, muchas familias que rechazan a los inmigrantes son personas cuya existencia se ha hecho inhumanamente precaria, y lo que están defendiendo, al oponerse a la instalación de temporeros africanos o negros, es su propia supervivencia. Se quejan y manifiestan su propia precariedad. Lo que hay, en el fondo, es una sensación de impotencia que impulsa a defender lo propio sin reparar en medios ni métodos.

5. Aun cuando tengamos mentalmente asumido el concepto de igualdad y de respeto por lo diferente, de hecho vivimos atrapados en la irracionalidad que provocan los miedos. Pero, como el miedo y la irracionalidad tienen mucho de vergonzoso y de doloroso, tendemos a camuflarlos con actitudes aparentemente humanas. Una de ellas consiste en decir que al «otro» se le reconoce; pero a la vez se le niega con mil calificativos: analfabeto, mugriento, borracho, insociable... Existe, pero no se le reconoce en igualdad y dignidad. Se cree razonable dejarlo «fuera de la sociedad».

6. Otra actitud es reconocer a los inmigrantes su diferencia, pero sólo formalmente, ya que para entrar en diálogo con ellos les pedimos que se comporten como nosotros, que hablen nuestra lengua y que tengan sentimientos parecidos a los nuestros. Estamos a su lado desde una cierta superioridad moral, y no parece razonable pedirles que se asimilen a nosotros. Actuamos desde la pretensión de creer que lo nuestro es mejor.

7. Visitar un suburbio habitado por inmigrantes produce una especie de parálisis emocional; la reacción suele ser: «¡Esto no hay quien lo arregle! El día en que esto reviente...» La primera impresión no es de compasión, sino más bien de miedo: miedo a la competencia por los puestos de trabajo; al deterioro del ambiente; a la extranjerización de la calle; a la pérdida de la identidad local y nacional... Todo lo cual se traduce en agresividad, rechazo, odio al extranjero o al extraño, con aumento del racismo y los sentimientos de xenofobia.

8. La intolerancia aparece cuando creemos que el «otro» quiere arrebatarnos lo nuestro. De ahí el recelo que se experimenta frente a quien, viviendo al lado «desde siempre», tiene unas señas de identidad o unas ideas distintas. A todos ellos se les ve dispuestos a asaltar nuestra identidad. En definitiva, es el miedo el que engendra intolerantes.

3. Cuestionario

1. ¿Cuáles de las actitudes presentadas son las más frecuentes en nuestra sociedad con respecto al tema?
2. ¿Podrías añadir alguna otra?
3. ¿Cuáles crees que son la actitud o actitudes dominantes en ti? ¿Y en tu familia? ¿Y en tu equipo? ¿Y en tu ambiente?

4. Para la oración

4.1. Leer, reflexionar y comentar este texto bíblico:

«No juzgará por apariencias ni sentenciará de oídas; defenderá con justicia al desamparado, con equidad dará sentencia a los pobres de la tierra» *(Is 11,3-4a).*

4.2. Oración comunitaria

4.3. Caminamos, Señor

«Caminamos, Señor,
guiados como peregrinos,
con la confianza
de que tu Palabra nos da vida
y es más fuerte
que el cansancio del camino.

Al andar, Señor,
sabemos que tú cumples tus promesas,
que ha brotado en el tronco seco
de la humanidad vieja
un renuevo de esperanza.

Caminamos, Señor,
con las alforjas vacías
para ser colmadas
del gozo inmenso de saber
que buscas incansablemente, Señor,

pobrezas que enriquecer,
vacíos que hacer rebosar,
manos abiertas a la acogida
de un amor más fuerte que la muerte. Amén.»

(Salmos en la esperanza. Cerro Chaves)

SEGUNDA REUNIÓN: CON OJOS Y CORAZÓN CRISTIANOS

«El que escaso siembra, escaso cosecha;
el que siembra con largueza, con largueza cosechará.
Cada uno haga lo que se ha propuesto en su corazón,
no de mala gana, ni obligado,
que Dios ama al que da con alegría»
(2 Cor 9,6-7)

Introducción

Para intentar comprender el drama humano de los inmigrantes hemos de mirar los rostros de esos ancianos que fijan sus ojos semicerrados en un horizonte que ya no tienen. Debemos fijarnos en esas madres que protegen en su regazo exánime a sus hijos famélicos y dormidos en un gesto de infinita tristeza; en esos hombres cargados con cuatro cachivaches y peregrinando hacia ninguna parte; en esos adolescentes que han visto truncado su futuro ilusionado de hacer producir a su tierra; en esos niños-hombres de ojos asustados y abiertos... Es un drama humano inabarcable, profundo y desgarrador.

En esta segunda reunión sobre la inmigración, vamos a intentar iluminar nuestra preocupación por las familias inmigrantes, con el fin de buscar una perspectiva más profunda y adoptar actitudes más cristianas.

La cuestión no consiste únicamente en la aportación de nuevos conocimientos, sino en la voluntad individual, familiar y comunitaria de alcanzar soluciones urgentes y humanamente válidas, porque «mañana siempre es tarde».

Como valor-guía, como exigencia a todos los niveles de nuestra existencia, dedicamos gran importancia a la afirmación de la persona, desde la prioridad del «otro».

1. El juicio evangélico

El problema de los inmigrantes no es ajeno a la Biblia, en la que aparecen normas muy concretas sobre el trato que deben recibir de los israelitas. Pero en el evangelio encontramos, además, la afirmación de valores que son imprescindibles a la hora de abordar el fenómeno de la inmigración.

1.1. *Extranjeros e inmigrantes*

Este aspecto ha sido abordado por el documento de la Comisión Episcopal de Migraciones, «La inmigración en España: desafío a la sociedad y a la Iglesia», en cuyos números 12-30 muestra la atención que emigrantes y exiliados han merecido en la Sagrada Escritura. Dos ideas debemos recordar. La primera es que la condición del pueblo elegido y del creyente es la de «errante». La segunda es consecuencia de la primera: que la compasión hacia los extranjeros es signo de la fe y memoria de la Alianza de Dios con su Pueblo:

> «La tierra es mía, y vosotros sois para mí como forasteros y huéspedes» *(Lv 25,23).*

«No oprimas al forastero; conocéis la suerte del emigrante, porque emigrantes fuisteis vosotros en Egipto» *(Ex 23,9; cf. 22,20).*

Con el Nuevo Testamento, la tradición veterotestamentaria llega a su radicalidad y plenitud: ya no se debe acoger al extranjero sólo «porque también vosotros lo fuisteis» o «porque la tierra es de Dios», sino porque el Señor mismo se identifica con los débiles y pobres. Jesús aparece como un «extranjero» en medio de sus hermanos de raza (cf. *Jn 8,48*).

1.2. *Valores evangélicos*

a) Una de las características esenciales del Reino que trae y predica Jesús es el *universalismo.* Lo anuncia para todos sin exclusión, y especialmente en las curaciones se muestra compasivo con los paganos y extranjeros: la mujer sirofenicia (cf. *Mc 7,24-30*), el centurión (cf. *Mt 8,5*), los samaritanos (cf. *Lc 9,52-56; 10,30ss; 17,16; Jn 4*). La misión de Jesús es universal y supera las fronteras de Israel: «ya no hay judío ni griego, ni hombre ni mujer, ni esclavo ni libre, porque todos sois uno en Cristo» *(Gal 3, 28).*

b) Otro valor es el *respeto a la alteridad.* Las familias cristianas nos enfrentamos hoy al reto de serlo en unas sociedades multiculturales y hacer de ello, no una ocasión de conflicto, sino una oportunidad de crecimiento colectivo. Así la relación con los inmigrantes adquiere un sentido más amplio, no limitado a la defensa de nuestros intereses, sino orientado a crear un tipo de sociedad abierta a la aportación de culturas, plural y solidaria.

Desde Pentecostés, la acción del Espíritu sigue abriendo incesantemente a la Iglesia a lo diferente y haciendo de ella una nueva creación en la que sea posible el orden querido por Dios, que lo creó todo separando y diferenciando (cf. *Gn 1,3.4.7*). Sólo en el respeto y la acogida de lo diferente respetamos la alteridad del orden de la creación querida por Dios.

Aproximarse al «otro» significa renunciar a desarrollar la propia voluntad de poder, que llevaría fatalmente a la negación o a la asimilación del «otro»; significa dejar sitio al otro, incluso dentro de nosotros. Jesús nos enseñó a llamar a Dios «Padre nuestro» y a pedir el «pan nuestro». Si vivimos pendientes de nuestro «yo», las preocupaciones que todos tenemos no nos dejan vivir tranquilos, y continuamente llaman a nuestra mente y pretenden siempre ser las primeras en ser atendidas. Son nuestras preocupaciones las que crean en nosotros la versión interesada del Padre Nuestro: recordamos a Dios más lo que nos deben que lo que nosotros tenemos que perdonar.

Si probamos la apertura a los «otros», sentiremos a las gentes y sus problemas; si nos asomamos al mundo, llegarán a nosotros otros gritos esperanzados, y entonces nuestras pequeñas preocupaciones irán quedando arrinconadas y olvidadas, y nuestro «yo» encontrará su verdadero lugar junto al «Tú» del Padre y el «nosotros» de la familia universal.

c) El *ser solidario* con los demás es condición indispensable para habitar en el Reino de Dios (cf. *Lc 10,25-37*). La solidaridad consiste en acercarse al «otro» y en ayudarle a subir. Supone de nuestra parte, por tanto, que «rebosamos», que tenemos algo que transmitir y servir de estímulo al «otro».

La actitud de solidaridad nos urge a potenciar dos valores que hemos de convertir en actitudes permanentes: la redistribución en el presente y la equidad. La redistribución a gran escala en el uso de los recursos del mundo es una condición necesaria para el desarrollo humano sostenible. Sin un auto-control y una moderación en nuestros hábitos de consumo, apenas tiene sentido plantearnos la perspectiva de un universo solidario. Y no podemos hablar de igualdad sin vivir la actitud de la equidad, que supone aplicar las normas a casos concretos, buscar la moderación, dejar de crecer unos y permitir que crezcan otros, y que crezcan en distinta dirección.

> «Al atardecer, dice el dueño de la viña a su administrador: "Llama a los obreros y págales el jornal, empezando por los últimos hasta llegar a los primeros". Al cobrarlo, murmuraban contra el propietario, diciendo: "¡Estos últimos no han trabajado más que una hora, y les paga como a nosotros...!"» (cf. *Mt 20,1-16*).

Jesús nos recuerda que *todos* tenemos derecho a la felicidad. Frente a un pragmatismo que reduce todo a cálculos interesados, hemos de defender siempre a las personas como lo más grande, lo que nunca debe ser sacrificado por nada ni en aras de nadie. Frente a la insensibilidad social, que prohíbe pensar en las víctimas del desarrollo, *equidad.* Hoy, nuestro mayor signo de esperanza lo daremos si compartimos de alguna forma la vida con el sufrimiento de los excluidos del bienestar.

d) Superar el miedo. Estamos llenos de miedos y, por tanto, al borde de la *intolerancia.* Somos frágiles, y cualquier acontecimiento puede acarrearnos angustia y hacernos pensar que vamos a perder la identidad. El origen principal de nuestros miedos y de nuestra inseguridad está en nosotros mismos, no en los inmigrantes, no en el exterior. Tenemos que colaborar a que el mundo cambie y sea mejor; pero, sobre todo, tenemos que cambiar cada uno de nosotros.

«¡Ánimo, soy yo, no tengáis miedo! *(Mt 14,27).*
«¡Qué fácil es denunciar la injusticia estructural, la violencia institucionalizada, el pecado social! Y es cierto todo eso; pero donde están las fuentes del pecado social es en el corazón de cada hombre» *(Mons. Óscar Romero).*

e) «No podéis servir a Dios y al dinero» *(Mt 6,24).* Vivimos envueltos en la cultura del «usar y tirar». Todo tiende a ser efímero y transitorio. Esta cultura puede estar configurando nuestra manera de vivir las relaciones interpersonales. De alguna manera, «usamos» a las personas sólo cuando nos interesa. Reservamos los trabajos más duros y que nadie quiere para los «extranjeros». Pero podemos ver esta actitud en otros momentos de nuestra vida: amistades que se hacen y deshacen rápidamente, según la utilidad; amores que duran lo que dura el interés por la atracción física... La advertencia de Jesús —*«no podéis servir a Dios y al dinero»*— nos pone en guardia frente a los efectos deshumanizadores de una sociedad, en gran parte consumista y frívola, que puede reducir la amistad y el amor a relaciones de intercambio interesado.

2. Juicio y magisterio de la Iglesia

Las líneas maestras del mensaje de la Iglesia son:

1. La defensa de la dignidad del ser humano y la consiguiente proclamación del destino universal de los bienes de la tierra.

2. La denuncia de las estructuras y mecanismos internacionales que originan los grandes desequilibrios mundiales, y la apelación a los pueblos y sus gobernantes para que busquen soluciones a los mismos, dando prevalencia al trabajo sobre el capital.

3. La exhortación a tratar al inmigrante con justicia, lo cual exige el reconocimiento de sus derechos (civiles, económicos, sociales...), del mismo modo que a él se le exige su aportación productiva y su adaptación.
4. Una apertura de la sociedad, en la acogida y el reconocimiento del «otro» con su propia cultura, que permita la auténtica integración y no la pura asimilación (cf. *IE, 71*).

Como mínimo ético, el reconocimiento y la eficaz tutela de los derechos del inmigrante como garantía de su dignidad de persona. En cuanto a sus derechos socio-económicos, no es aceptable, por razón de nacionalidad, ninguna discriminación respecto del trabajo realizado por el inmigrante. Debe también reconocérsele el derecho a vivir en familia (cf. *IE, 78*).

Juan Pablo II, por otra parte, ha advertido del peligro de una pastoral específica para emigrantes, de «llevar a cabo una pastoral marginada para los marginados» *(Mensaje Jornada mundial del Emigrante, 1994)*.

La desconfianza, el miedo o el rechazo sistemático de otras culturas no parecen denotar sino una falta de estructuración y asunción confiada de la propia. El respeto cultural mutuo es un deber de todos, españoles e inmigrantes; el conocimiento y reconocimiento cultural recíprocos, sin miedo a perder la propia identidad, una riqueza. El intercambio de ideas y pareceres, la apertura de la mente, es lo que hace progresar a una sociedad. Merece la pena recordar la frase de M. Enzensberger: «El que quiere protegerse contra los ataques del exterior se enfrenta con un dilema: cuanto más afanosamente se pone en guardia una civilización contra una amenaza exterior, cuanto más se rodea de murallas, tanto menos tiene que defender al final».

3. Cuestionario

1. Tras el estudio de la Palabra de Dios y la doctrina de la Iglesia, ¿qué características más importantes crees que debe tener una actitud cristiana ante la inmigración?
2. ¿Qué propósitos o compromisos hacemos como personas, como familia y como equipo para adoptar una actitud más cristiana ante la inmigración y transmitirla a nuestros hijos y a nuestros ambientes?

4. Para la oración

4.1. Texto bíblico para reflexionar y comentar, terminando con una oración comunitaria:

> «Por el amor de Dios os lo pido, hermanos: presentaos a vosotros mismos como ofrenda viva, santa y agradable a Dios. Ése ha de ser vuestro auténtico culto. No os amoldéis a los criterios de este mundo. Dejaos transformar; renovad vuestro interior de tal manera que sepáis apreciar lo que Dios quiere, es decir, lo bueno, lo que le es agradable, lo perfecto. La tarea que Dios me ha confiado en su bondad me autoriza también a advertir a todos y a cada uno de vosotros: que a nadie se le suban los humos a la cabeza; que cada cual se estime en lo justo, conforme al grado de fe que Dios le ha concedido. Ahí está, como ejemplo, nuestro cuerpo, que consta de muchos miembros, y cada uno de ellos tiene su cometido específico. De manera semejante, nosotros, siendo muchos, estamos injertados en Cristo para formar un solo cuerpo, y cada uno es un miembro al servicio de los demás» *(Rm 12,1-5).*

4.2. Somos emigrantes

«¡Imposible para una Familia Cristiana
instalarse aquí!
Somos "emigrantes"

siempre a punto de partir,
siempre en camino hacia la Tierra Prometida.

El viaje representa riesgos,
y es preciso caminar con la luz del Evangelio
para salir de pantanosas tinieblas
que se tragan balizas e indicadores,
porque la noche puede abatirse sobre cualquiera,
en cualquier lugar, a cada instante de la ruta.

Es necesario acompañarnos con el amor del Hijo.
Porque a menudo estamos tentados
de avanzar a solas,
dejando en la cuneta a todos los rezagados,
a todos los lisiados,
cuando lo que importa es que todos, sin excepción,
lleguen a la Tierra de Promisión.

Es preciso pasar
y llegar hasta la fuente del Evangelio,
porque quedan desiertos por atravesar,
agujeros negros esparcidos por todo el camino,
donde nuestro caminar se detiene
sin salida visible,
sin ninguna persona cercana: silencio de amor.

Nuestro canto del camino es una plegaria;
un grito, un sollozo, un sobresalto hacia Dios.
Porque sólo Él nos pone en movimiento»

(Anónimo)

BIBLIOGRAFÍA

1. CONFERENCIA EPISCOPAL ESPAÑOLA, *Pastoral de las Migraciones en España,* documento de la LXI Asamblea Plenaria (1994).
2. COMISIÓN EPISCOPAL DE MIGRACIONES, *La inmigración en España: desafío a la sociedad y a la Iglesia* (Mayo 1995).
3. A. MARTÍNEZ RODRIGO, *Las migraciones: un signo de los tiempos. Jalones para una pastoral emigrante,* Delegación Diocesana de Migraciones y Editorial Verbo Divino, Madrid 1995.

8
La violencia

Objetivos:

1. Que la comunidad familiar descubra que la realidad que nos rodea y que nosotros construimos está transida de tensiones y enfrentamientos.
2. Que la familia descubra que la paz constituye un ideal a conseguir, el más anhelado y el más amenazado y costoso.
3. Juzgar si nuestros comportamientos prácticos son creadores de paz o si, por el contrario, la obstaculizan o generan violencia; y comprometernos con la paz.

Presentación del tema

La violencia es una angustiosa y creciente realidad actual que no sólo destruye y hace sufrir a las personas, sino que llega a paralizar la sociedad. Pero hoy se aprecia en el mundo entero un ansia de liberación de todos los males sociales que aplastan y deshumanizan a las personas y les impiden reconocerse a sí mismas y reconocer a los otros.

Resulta difícil distanciarse y analizar serenamente una sociedad de la que nosotros mismos formamos parte y cuyo talante nos afecta mucho más de lo que ingenuamente pudiéramos pensar.

Al plantear el tema de la violencia, no nos encontramos sólo ante hechos de violencia, sino ante una sociedad violenta. Y no podemos acostumbrarnos a la violencia; por eso es preciso buscar sus raíces y sus mecanismos. Pues no se trata sólo de la violencia que vemos en la TV y en las revistas gráficas, sino de la que percibimos agazapada en personas, familias, grupos, instituciones, pautas de comportamiento...; es decir, en el devenir diario de la vida familiar, laboral, económica, política e incluso religiosa.

La paz es algo que cada uno de nosotros se encuentra o echa en falta en el complejo ámbito de las relaciones familiares y sociales. Por eso es fácil concluir equivocadamente que nada tiene que ver con la paz lo que internamente sentimos, pensamos o deseamos.

Con nuestras familias podemos fácilmente sentirnos meros sujetos pacientes de las situaciones de violencia, descargando en otros la responsabilidad. No es extraño que nuestros intereses egoístas nos jueguen una mala pasada a base de desfigurar el verdadero rostro de la violencia y de la paz, ofreciéndonos una imagen interesada de las mismas.

Revisaremos nuestra mentalidad para juzgar nuestras ideas acerca de lo que vemos y pensamos que es la violencia y la paz. Queremos subrayar que la paz es fruto de la justicia. Esta expresión nos da la pista para desenmascarar aquellas actitudes que, aun no pareciendo violentas, en realidad lo son y, como consecuencia, hacen que haya personas que en tales situaciones se vean violentadas y sufran por falta de paz.

PRIMERA REUNIÓN: MIRAMOS Y JUZGAMOS

«El Señor es mi fuerza,
me da piernas de gacela,
me encamina por las alturas»
(Hab 3,19)

1. Los hechos y sus causas

Analizar la presencia de la violencia en cada uno de los sectores de la sociedad nos llevaría demasiado lejos. Por eso, primero nos detendremos en la definición de la violencia, con sus causas y consecuencias, pasando después a fijarnos brevemente en la violencia que se vive en las instituciones que consideramos fundamentales en el proceso de personificación y socialización de las personas.

1.1. *La violencia, sus causas y sus consecuencias.* Llamamos «violencia» a la aniquilación del «otro» como persona. Violentar a alguien es cosificarlo, convertirlo de persona en cosa. El grado más fuerte de la violencia es la aniquilación total del otro, el quitarle la vida. También se violenta a las personas obstaculizando lo que tienen de personas: sus derechos fundamentales, su capacidad y su derecho básico a vivir, crecer, expresarse, asociarse... Así, toda forma de opresión del hombre por el hombre, de explotación, de manipulación, de esfuerzo por silenciar al hombre, es violencia.

Un causante de la violencia es el poder opresivo y represivo. Cuando la autoridad no respeta los derechos de la persona, sólo puede apoyarse en la fuerza y la violencia para obtener la obediencia de sus súbditos, y carece de legitimidad moral (cf. *CIgC, 1.930*). Llevan a la violencia las ideologías simplistas y extremistas, pero también las pasiones del hombre no encauzadas humanamente. En este sentido, el Catecismo cita variadas formas de violencia: la guerra, la tortura, la cólera, el odio, la violación, la manipulación de las personas, la mentira (cf. *CIgC, 2.297, 2.302, 2.303, 2.356, 2.414, 2.264, 2.486*). Podemos añadir la inseguridad ciudadana, el terrorismo, los chantajes... Existen formas de violencia en los medios de comunicación, en las relaciones sociales, en el ejercicio de la huelga, etc.

Las consecuencias de la violencia suelen ser también causas que vuelven a relanzar la espiral de la violencia en ondas cada vez más potentes. En los grupos oprimidos y explotados, la violencia produce la desesperanza y deshumanización y la respuesta mediante nuevas violencias.

1.2. *La violencia en las instituciones.* Nuestra primera mirada es a la *familia.* Todos nacemos en el seno de una familia, y en ella nos desarrollamos durante muchos años. En la familia aprendemos, mal que bien, qué hacer y cómo hacerlo; es decir, todo un conjunto de pautas, normas y valores. En la familia se proporcionan las primeras situaciones de autocontrol para que las personas puedan lograr su identificación personal y la asunción de roles y tareas que facilitarán la entrada en la convivencia social. Ésa es la importancia de la familia. Y ésa es, precisamente, su debilidad cuando, lejos de cumplir una función socializadora, reproduce los mismos esquemas de la violencia social, en su seno o en su relación con el entorno.

Al mirar nuestras *escuelas,* con frecuencia echamos en falta una educación personalizada y al servicio del niño, llegando éste a convertirse en botín a disputar y repartir entre los interesados en apoderarse de su persona desde su más tierna infancia. Y entonces la escuela actúa como correa de transmisión del sistema dominante.

La escuela ha avanzado lentamente en el orden de las relaciones humanas alumno-profesor y en la democratización de su funcionamiento. En la escuela, el modo de actuar de los educadores no se limita tan sólo a las relaciones que se tienen con los alumnos, tanto a nivel personal como colectivo, sino que revisten gran importancia las relaciones de compañerismo, solidaridad y otras actitudes que mantienen los educadores entre sí. Todo educa o deseduca en la escuela. Todo transmite y actúa, y las relaciones entre personas, las relaciones institucionales, dan imágenes muy concretas que impactan.

Las *creencias religiosas* pueden ser —son, de hecho— origen de enfrentamientos. En su nombre se han ejercido y se ejercen muchas violencias. Afirmamos rotundamente que nosotros, nuestro grupo creyente, somos los que pertenecemos al grupo de la verdad, y despreciamos a los otros. Otras veces se pone la religión al servicio de otros fines, con el añadido de la violencia. La actitud exclusivista o fundamentalista se defiende con una intolerancia que desemboca en intensas violencias.

En el *sistema social,* diversos condicionamientos sociológicos favorecen, estimulan y generan actos violentos. En este sentido, la desigualdad económica entre las familias y los pueblos es una violencia latente que se manifiesta de múltiples maneras: delitos contra la propiedad, robos, atracos...; pero también se manifiesta en el dominio y la ostentación de los opulentos, en el lujo excesivo y en el olvido de los necesitados.

La producción del sistema consagra el consumo indiscriminado y ejerce su violencia peculiar enajenando las conciencias y mortificando la fantasía, manipulando el gusto, canalizando la libertad, robando a las personas el tiempo y el gozo de convivir en familia.

Es evidente que nadie puede producir los auténticos valores humanos, como son la libertad o la amistad, el silencio y el encuentro consigo mismo. De ahí que el sistema de producción, al marginar aquellos valores y las auténticas satisfacciones humanas que él no puede producir, nos seduzca con falsos valores, sustituyendo la verdadera esperanza con expectativas de confort en un proceso indefinido.

Pero las familias, engañadas y frustradas en sus más profundas aspiraciones, tratan de llenar su vacío angustiosamente con todo lo que les echen y puedan comprar. Buscan la felicidad allí donde machaconamente les sugieren cada día la TV, las vallas publicitarias y los reclamos de los grandes almacenes. Y si es preciso, si no se dispone de dinero, se consigue como sea para llegar adonde dicen que «está la felicidad». Pero, después de probar cada vez más cosas, vemos que el «paraíso» ofrecido sólo es un basurero. Las crecientes expectativas se truecan en crecientes frustraciones, las cuales generan malestar, agresividad y violencia.

2. Las actitudes

1. Muchas familias están educando abiertamente para la competitividad; para afirmar el prestigio y el poder individual; para figurar más; para disfrutar y poseerlo todo sin excepción; para perpetuar el clan cerrado... Es decir, para el individualismo y la más cruel insolidaridad con todos aquellos que no entran en el estrecho círculo de la sangre o la amistad. Una actitud en suma, de egoísmo.

2. Otras situaciones de violencia latente hay escondidas en el ideal del matrimonio romántico, entendido como un medio de acceder a la felicidad individual egoísticamente. Por eso cada uno de los cónyuges reclama, como derecho a «su» felicidad, el intentar una y otra vez la suerte con otro compañero o compañera. Es una actitud de culto al «yo».

3. En el mismo sentido, y agravando la situación, recordamos el predominio de la sociedad machista, que introduce en la familia especiales formas de violencia en sus relaciones. Por lo demás, hay familias que reproducen el juego de rangos y autoridad del sistema y educan más para la obediencia que para la responsabilidad; más para el «tener» que para el «ser»; más para la sumisión que para la libertad, con todo un complicado bagaje de premios y castigos en el que la violencia (los gritos, los golpes, la descalificación...) aparecen demasiadas veces. Incluso el amor y el cariño (los besos, los abrazos, los regalos...) se instrumentan como premios para conseguir determinados comportamientos. Descubrimos aquí la actitud de «educar para el tener» que conlleva la competitividad.

4. La opción por la seguridad ha convertido la familia y la escuela en un castillo, educando a la defensiva y bloqueando el acceso a quienes viven y piensan de otra manera, a los que no son «de los nuestros».

5. Las frustraciones, el malestar y una buena parte de la agresividad de origen social se descargan sobre la familia, sobre la mujer, el esposo o los hijos. El deporte también se utiliza como válvula de escape a tanta tensión y sirve para descargar la agresividad. También se canaliza en formas de

trabajo y nuevas formas de consumo y se aprovecha para retroalimentar el sistema de producción: en el fondo, se está dirigiendo contra la persona: la droga, el alcohol, el escapismo, etc. Aquí la actitud tiene un nombre claro: subversión de la escala de valores.

6. No queremos dejar en el olvido tres actitudes muy extendidas: la creciente disposición a responder violentamente a lo que consideramos ofensa indebida; la radicalización agresiva en nuestros juicios, más dictados por la emotividad que por un afán de compromiso y entendimiento; y la decepción y desánimo por construir pacientemente el mundo, verdadero caldo de cultivo para la aparición de situaciones autoritarias y de involución socio-política.

3. Cuestionario

1. ¿Cuáles de las actitudes presentadas crees que son las más extendidas en nuestra sociedad respecto al tema?
2. ¿Podrías añadir alguna otra?
3. ¿Cuáles crees que son tus propias actitudes? ¿Y las de tu familia, de tu equipo o de tu ambiente?

4. Para la oración

4.1. Texto bíblico

«Al extender vuestras manos,
me tapo los ojos para no veros.
Vuestras manos están llenas de sangre:
lavaos, limpiaos,
quitad vuestras fechorías de delante de mi vista,

desistid de hacer el mal y aprended a hacer el bien,
buscad lo justo y dad sus derechos al oprimido,
haced justicia al huérfano y abogad por la viuda»
(Is 1,15-17).

4.2. Oración comunitaria

4.3. Instrumentos de tu paz

«Queremos ser, Señor, instrumentos de tu paz:
que donde haya engreimiento y altanería
pongamos humildad y modestia;
donde haya hipocresía y fingimiento
pongamos sinceridad y franqueza;
donde haya humillación y desprecio
pongamos consideración y aprecio;
donde haya desmán y abuso
pongamos honradez y justicia;
donde haya ventajas personales e intereses privados
pongamos bien común y sentido social;
donde haya engaño y falsedad
pongamos verdad y autenticidad;
donde haya indiferencia y frialdad
pongamos calor humano y solicitud;
donde haya animosidad y desenfreno
pongamos moderación y cordura;
donde haya intransigencia y fanatismo
pongamos comprensión y tolerancia;
donde haya insolencia y provocación
pongamos miramiento y respeto.

Que no busquemos tanto
ser valorados como valorar,
ser reconocidos como reconocer,
ser comprendidos como comprender.

Porque es dando como se recibe,
olvidando como se encuentra,
muriendo como se resucita.

Queremos ser, Señor, instrumentos de tu paz».

SEGUNDA REUNIÓN: CON OJOS Y CORAZÓN CRISTIANOS

«El reino de Dios no consiste
en lo que se come o en lo que se bebe;
consiste en la vida recta, alegre y pacífica
que procede del Espíritu Santo»
(Rm 14,17)

Introducción

Tras haber visto en la reunión anterior que los conflictos son una realidad con la que nos tropezamos frecuentemente, llegamos al momento de revisar en qué medida nuestras actitudes y deseos internos son capaces de demostrar su verdad cristiana cuando se ponen a prueba desde la urgencia práctica de la acción. Hacer la paz dentro de sí mismo y crear la paz en la comunidad humana exige notables sacrificios. Sólo aquellos que son puestos a prueba en su fe y en sus convicciones por lo que ocurre alrededor, se forman y examinan. El que se blinda en sus esquemas o en una cultura narcisista no percibe amenazas ni se revisa.

Cuando nos sinceramos con nosotros mismos, nos da la impresión de no reconocer nuestras tendencias posesivas y actitudes de dominio; porque desde los orígenes quisimos y seguimos queriendo ser como dioses todopoderosos. Esta falta de conocimiento lúcido sobre nosotros hace que no soportemos nuestra propia condición humana ni la de los otros, ni tampoco la alteridad de la realidad. Por eso nuestra historia es una historia violenta, pero enmascarada. La violencia siempre está fuera de mí, siempre está en el otro, en los otros.

1. Violencia y paz, en el centro del mensaje bíblico

Los falsos profetas prometen una falsa paz, mientras que las denuncias de los profetas verdaderos anuncian la violencia, fruto del pecado: no puede haber paz cuando reina la injusticia. Pero estos mismos profetas prometen la paz que traerá el Mesías: la paz es un componente del futuro reino de Dios.

> «Porque desde el más pequeño de ellos hasta el más grande, todos andan buscando su provecho, y desde el profeta hasta el sacerdote todos practican el fraude. Han curado el quebranto de mi pueblo a la ligera, diciendo: "¡Paz, paz!", cuando no había paz» *(Jr 6,13-14; cf. 14,13-21).*

> «El pueblo que andaba a oscuras vio una luz grande. Porque el yugo que les pesaba y la vara de su hombro —la vara de su tirano— has roto, como el día de Madián. Porque una criatura nos ha nacido, un hijo se nos ha dado. Estará el señorío sobre su hombro, y será su nombre "Maravilla de Consejero", "Dios Fuerte", "Siempre Padre", "Príncipe de la Paz". Grande es su señorío, y la paz no tendrá fin sobre el trono de David y sobre su reino, para restaurarlo y consolidarlo por la equidad y la justicia, desde ahora y hasta siempre» *(Is 9,1-6).*

Jesús trajo un mensaje de paz verdadera que no comprendieron los judíos:

> «Cuando Jesús llegó cerca de Jerusalén, al ver la ciudad, lloró a causa de ella y dijo: "¡Si al menos en este día supieras cómo encontrar lo que conduce a la paz...! Pero eso está ahora fuera de tu alcance"» *(Lc 19,41-42).*

Pero su obra de redención nos trajo la paz más profunda. Un aspecto de la obra pacificadora de Jesús es la reconciliación entre los hombres:

> «Cristo es nuestra paz. Él ha hecho de ambos pueblos uno solo. Él ha derribado la barrera de odio que los separaba» *(Ef 2,14)*.

Los discípulos de Jesús son hombres de paz:

> «Quien de esta manera sirve a Cristo, agrada a Dios y se granjea la estima de los hombres. Así que busquemos con afán lo que contribuye a la paz y a la convivencia mutua» *(Rm 14,18-19)*.

Porque el Espíritu que hemos recibido nos hace capaces de ser hombres de paz:

> «Sabido es cómo se comportan los que viven sometidos a sus bajos instintos: son lujuriosos, libertinos, viciosos, idólatras, supersticiosos. Alimentan odios, promueven contiendas, se enzarzan en rivalidades, rebosan rencor. Son egoístas, partidistas, sectarios, envidiosos, borrachos, amigos de orgías y otras cosas por el estilo. Os advertí en su día, y ahora vuelvo a hacerlo: esos tales no heredarán el reino de Dios. En cambio, el Espíritu produce amor, alegría, paz, tolerancia, amabilidad, bondad, lealtad, humildad y dominio de sí mismo» *(Gal 5,19-23)*.

2. Juicio y Magisterio de la Iglesia

a) El papa Juan XXIII publicó en 1963 una encíclica dedicada a la paz en la que nos ofrece estos principios para la educación en la paz:

> «Entre las tareas más graves de los hombres de espíritu generoso hay que incluir, sobre todo, la de establecer un nuevo sistema de relaciones en la sociedad humana, bajo el magisterio y la égida de la verdad, la justicia, el amor y la libertad: primero entre los individuos; en segundo lugar, entre las familias; y, finalmente, entre los ciudadanos y los Estados» *(Pacem in terris)*.

b) El Concilio Vaticano II hizo una descripción de los orígenes de las discrepancias modernas, también en el seno de la familia *(GS 8);* a tal efecto, dedicó el capítulo V de *Gaudium et Spes* a presentar la comunidad de los pueblos y el fomento de la paz; y pidió a los jóvenes un compromiso en favor de la edificación de la paz:

> «Negaos a dar libre curso a los instintos de violencia y de odio, que engendran las guerras y su cortejo de males. Sed generosos, puros, respetuosos, sinceros. Y edificad con entusiasmo un mundo mejor que el de vuestros mayores» *(Mensaje del Concilio, 5).*

c) Juan Pablo II ha dedicado grandes esfuerzos a la promoción de la paz. Sus enseñanzas son también frecuentes y profundas. La celebración de la Jornada Mundial por la Paz el 1 de enero de cada año da lugar a breves y valiosos mensajes del Papa en los que se refiere a este tema. En el mensaje de 1984 nos mostraba el camino de la paz:

> «Se trata de renunciar a la violencia, a la mentira, al odio; se trata de convertirse —en las emociones, en los sentimientos y en todo el comportamiento— en un ser fraterno; se trata de que reconozcamos la dignidad y las necesidades del otro, buscando la colaboración con él para crear un mundo en paz».

En 1995 puso de relieve el papel de la mujer en la construcción de la paz, pidiéndole que fuera educadora para la paz con todo su ser y en todas sus actuaciones: que fuera testigo, mensajera, maestra de paz en las relaciones entre las personas y las generaciones, en la familia, en la vida cultural, social y política de las naciones.

En este mismo mensaje se refiere a la familia como «la primera y fundamental escuela de paz». No es difícil, por tanto, intuir las dramáticas consecuencias que surgen cuando la familia está marcada por crisis profundas que minan o incluso destruyen su equilibrio interno.

En la carta *Tertio Millennio Adveniente,* con que se anunciaba el jubileo del año 2000, Juan Pablo II reconocía que entre los pecados de la Iglesia en el milenio que vamos a cerrar está el del uso de la violencia en el servicio de la verdad. En este sentido, manifestaba su arrepentimiento

> «...por la aquiescencia manifestada, especialmente en algunos siglos, con métodos de intolerancia e incluso de *violencia en el servicio a la verdad...* Un correcto juicio histórico no puede prescindir de los condicionamientos culturales del momento..., pero las circunstancias atenuantes no dispensan a la Iglesia del deber de lamentar profundamente las debilidades de tantos hijos suyos que han desfigurado su rostro, impidiéndole reflejar plenamente la imagen de su Señor crucificado, testigo insuperable de amor paciente y de humilde mansedumbre» *(35).*

d) El Catecismo de la Iglesia Católica se refiere abundantemente a la violencia y a la paz. Entre otras muchas cosas, enseña que Cristo se presenta como el portador de la paz mesiánica *(559),* una paz que no es idílica, sino que se conquista con el sufrimiento y la superación de la violencia *(1.851).*

Ante la violencia, los caminos válidos no son la mezquindad que cede, ni la respuesta con más violencia, sino el amor *(1.889, 1.829).* Alaba a los que renuncian al recurso de la violencia *(2.306)* y define la paz:

> «La paz no es sólo ausencia de guerra y no se limita a asegurar el equilibrio de fuerzas adversas. La paz no puede alcanzarse en este mundo sin la salvaguarda de los bienes de las personas, la libre comunicación entre los seres humanos, el respeto a la dignidad de las personas y de los pueblos y la práctica asidua de la fra-

ternidad. Es la "tranquilidad del orden" (S. Agustín, "De Civ. Dei", 19,13). Es obra de la justicia (cf. Is 32,17) y efecto de la caridad (cf. GS 78,1-2)» *(2.304)*. «Esta paz terrena es fruto e imagen de la paz de Cristo» *(2.305)*.

3. Tres valores evangélicos para construir la paz

Damos ahora algunas indicaciones del Evangelio que nos ayudan a caminar por el camino de la paz.

3.1. *Amar la luz más que las tinieblas.* Nicodemo fue a ver a Jesús de noche. A este propósito enseña san Juan:

> «Todo el que practica lo malo detesta la luz, y no se acerca a la luz para que no se descubran sus acciones. En cambio, el que obra conforme a la verdad se acerca a la luz para que se vean sus acciones, porque están hechas como Dios quiere» *(Jn 3,20-21)*.

Tenemos necesidad de ser defendidos, tanto de los enemigos exteriores como de los que anidan en nuestro corazón: de la inseguridad que nos produce miedo, del miedo que nos provoca angustia, y de la angustia que nos conduce a la codicia.

Esa inseguridad, que todos experimentamos alguna vez, hace imposible la paz en el corazón. La angustia tiende a superarse del modo que sea. Un camino es la codicia: codicia de riquezas; deseo de poseer personas como intento de taponar el vacío; codicia de prestigio como culto al yo, siempre amenazado de radical y creciente inseguridad; codicia de poder que encubra nuestra indigencia, como intento de vivir finalmente en la seguridad y la paz. Son tres actitudes para taponar el profundo y negro agujero del miedo. Son muchas las familias violentadas, angustiadas y rotas, víctimas de este proceso.

Jesús se aproxima a las familias y nos ofrece su propia salvación, consistente en que una experiencia igualmente radical active nuestro corazón: amor, capacidad de confianza, valor.

3.2. *Fortalecernos con la paciencia*

> «Un hombre tenía plantada una higuera en su viña, y fue a buscar frutos a ella y no los encontró. Dijo entonces el viñador: "Ya hace tres años que vengo a buscar frutos y no los encuentro: córtala; ¿para qué cansar más a la tierra?" Pero él respondió: "Señor, déjala por este año todavía, y mientras tanto cavaré a su alrededor y echaré abono, por si da fruto; y, si no, la cortas"» *(Lc 13,6-9).*

Un año más... de paciencia. El amor a su viña hizo paciente al viñador. Este «año más» nos traerá la oportunidad de ir abriéndonos a la paciencia. El resignarnos y no atrevernos a actuar por temor, o por no tener valor para reconocer la verdad, o para dejarnos perdonar, no tiene nada que ver con el ser pacientes. Necesitamos abrirnos a esas dimensiones dichosas que Jesús atribuye a los que esperan: la alegría de aquellos a quienes el amo encuentra levantados al llegar; el gozo de las mujeres que aguardan vigilantes en medio de la noche. La búsqueda de la paz es una espera callada y sufrida: necesita la fortaleza de la paciencia.

3.3. *Superar el desánimo.* Poco a poco se va abriendo la idea de que construir un planeta en paz, más justo y solidario, es más difícil de lo que se pensaba; transformar las bases culturales de nuestra sociedad opulenta, cambiar las actitudes, es más difícil que hacer una revolución. Ante esta realidad que todos percibimos, la tentación del desánimo acecha continuamente. El peligro de detenerse cansados y decir:

«no hay nada que hacer», «es demasiado tarde», acecha por doquier.

> «El que echa mano al arado y sigue mirando atrás no vale para el Reino» *(Lc 9,62).*

Frente a los escépticos y a los cansados, viejos de todas las edades, que piensan que no merece la pena seguir luchando o que quizá es demasiado tarde, que con la mano en el arado siguen mirando atrás, surge con fuerza la voz de todos aquellos que nos dan «signos de esperanza»: significativos grupos que han unido su esfuerzo buscando soluciones concretas a los problemas.

4. Cuestionario

1. Tras el estudio de la Palabra de Dios y la doctrina de la Iglesia, ¿qué características más importantes crees que debe tener una actitud cristiana ante la violencia?
2. ¿En qué medida hemos de cambiar nuestras actitudes para que éstas sean más cristianas?
3. ¿Qué propósitos o compromisos hacemos como personas, como familia y como equipo para adoptar una actitud cristiana y transmitirla a nuestros hijos y a nuestro ambiente?

6. Para la oración

6.1. Además de los textos citados anteriormente, pueden ayudar a inspirar una oración personal y comunitaria las promesas de Jesús:

> «Felices los que trabajan en favor de la paz, porque Dios les llamará hijos suyos. Felices los que sufren persecución por ser justos y buenos, porque suyo es el reino de Dios» *(Mt 5,9-10).*

6.2. Gastar la vida

«Jesucristo ha dicho:
"Quien quiera economizar su vida la perderá;
y quien la gaste por Mí la encontrará".

Pero a nosotros nos da miedo gastar la vida,
entregarla sin reservas.
Un terrible instinto de conservación
nos lleva al egoísmo
y nos atenaza cuando queremos jugarnos la vida.
Tenemos seguros por todas partes
para evitar los riesgos.
Y, sobre todo, está la cobardía...

Señor Jesucristo, nos da miedo gastar la vida.
Pero Tú nos has dado la vida para gastarla;
no se puede economizar en estéril egoísmo.

Gastar la vida es trabajar por los demás,
aunque no paguen;
hacer un favor a quien no lo va a devolver:
gastar la vida es lanzarse si hace falta,
sin miedo al fracaso, sin falsas prudencias;
es quemar las naves en bien del prójimo.
Somos antorchas que sólo
tenemos sentido cuando nos quemamos;
solamente entonces seremos luz.
Líbranos de la prudencia cobarde,
la que hace evitar el sacrificio y buscar la seguridad.

Gastar la vida no es cuestión
de gestos ampulosos y falsa teatralidad.
La vida se da sencillamente, sin publicidad,
como la madre da el pecho al bebé,
como el sudor humilde del que trabaja la tierra.

Enséñanos, Señor,
a lanzarnos a lo que nos parece imposible,
porque detrás de lo imposible
están tu gracia y tu presencia,
y no caeremos en el vacío».

(Anónimo)

BIBLIOGRAFÍA

1. JUAN XXIII, Encíclica *Pacem in terris,* 1963.

2. VATICANO II, Constitución *Gaudium et Spes,* capítulo V: «La comunidad de los pueblos y el fomento de la paz».

9
La homosexualidad

Objetivos

1. Conocer la realidad de la homosexualidad.
2. Analizar la actitud personal, conyugal y de equipo ante la homosexualidad.
3. Conocer la Palabra de Dios y la doctrina de la Iglesia sobre ella.
4. Motivar en cada uno de nosotros el cambio de actitud que pueda ser necesario.

PRIMERA REUNIÓN: MIRAMOS Y JUZGAMOS

«Enséñame, Señor, tus caminos,
para que siga tu verdad;
mantén mi corazón entero en el temor de tu nombre»
(Salmo 85)

Introducción

Es difícil tener una postura objetiva y neutral en este tema. En una primera aproximación, puede parecer que sólo cabe la actitud tajante de rechazo o, por contra, de aceptación incondicional. Pero cualquiera de ellas podría llevarnos a situaciones de intransigencia con los que opinaran de distinta manera. Los menos conservadores no tienen ya que ocultar sus sentimientos o maneras de pensar y pueden hablar sobre el tema con toda naturalidad, basándose en algunos descubrimientos científicos que parecen arrojar alguna luz, aunque no de manera inequívoca, sobre el origen natural de la homosexualidad. Los más conservadores luchan contra estas ideas, porque piensan que, simplemente, la sociedad se ha vuelto más permisiva. En la actualidad, tanto la Iglesia como gran parte de la sociedad rechazan las posturas más o menos persecutorias de otras épocas.

1. Los hechos y sus causas

La imagen popular identifica al homosexual con el afeminado o con la persona que tiene cualquier tipo de relación prioritaria con los de su mismo sexo. Pero el homosexual auténtico no suele tener nada de afeminado, sino que se presenta como una persona de apariencia normal y corriente, con rasgos morfológicos específicos iguales a los de los heterosexuales. Por otra parte, no se puede catalogar de homosexual a todo aquel que ha tenido alguna experiencia sexual con personas de su mismo sexo. Lo que caracteriza al homosexual no es sólo el ejercicio de estas prácticas, sino la tendencia hacia personas de igual sexo.

Hoy se mantiene el estereotipo del varón homosexual como un ser afeminado, inmoral, indigno de confianza, promiscuo, que sólo busca la satisfacción personal de sus deseos carnales, con inclinación a seducir a los adolescentes, etc. Se siguen considerando mucho menos graves las situaciones de homosexualidad entre las mujeres (lesbianismo), que, cuando se conocen, también se censuran, aunque no tan duramente como en el caso de los varones.

A pesar de la actual permisividad sexual, sólo el 15% de los chicos y el 10% de las chicas confiesan haber tenido algún contacto homosexual en la adolescencia, de los que sólo el 3% de ellos y el 2% de ellas tendrán relaciones homosexuales continuadas. La práctica homosexual es más frecuente antes de los 16 años, con mayor incidencia entre los chicos que entre las chicas. Parecer ser también que a partir de esa edad no hay tanto riego de que la seducción lleve a un heterosexual hacia la homosexualidad permanente.

Es decir, el hecho de algún contacto homosexual en la adolescencia no significa que el deseo se oriente necesariamente hacia la homosexualidad, pues hay factores que pueden favorecer este tipo de conducta sin condicionar la orientación posterior. Entre ellos se pueden citar: falta de posibilidades para tener experiencias heterosexuales; miedo a la relación con el otro sexo; ausencia de personas del otro sexo en el ambiente en que se vive; curiosidad por algo desconocido en una etapa transitoria de la evolución sexual; seducción por parte de otra persona; falta de unos claros referentes masculino y femenino en la primera infancia; experiencias heterosexuales dolorosas vividas directamente u observadas en personas muy cercanas...

Dada la cantidad de factores que pueden influir en la orientación sexual de los hombres y de las mujeres, y a pesar de las investigaciones científicas al respecto, la verdad es que aún son inciertas y no definitivas las conclusiones con respecto a si el origen de la homosexualidad es siempre genético o si es el ambiente el que arrastra hacia ella.

2. Algunos estudios realizados

2.1. Los primeros estudios acerca de la homosexualidad fueron realizados en los Estados Unidos por Kinsey, que en 1948 hace público su estudio sobre prácticas sexuales para los varones de raza blanca, y en 1952 para las mujeres, también de raza blanca. En estos estudios se concluía que aproximadamente el 37% de los varones declaraba haber tenido alguna experiencia homosexual en su vida, mientras que el porcentaje desciende hasta el 20% en las mujeres solteras y hasta el 10% en las casadas. El 4% de los varones se declaraban exclusivamente homosexuales durante toda su vida. Menos del 3% de las mujeres, tanto solteras como casadas, decían tener sentimientos y contactos homosexuales.

2.2. Freud, por su parte, llega a una serie de conclusiones:

— Constata, en primer lugar, que el número de homosexuales es elevado y que, mientras unos los defienden, otros consideran la homosexualidad como una obsesión morbosa.

— Los homosexuales, por el mero hecho de serlo, no pueden ser considerados «degenerados», ya que la homosexualidad se puede dar en personas normales, inteligentes, cultas y con sentido ético. En algunos pueblos antiguos y primitivos, la homosexualidad ha alcanzado el rango de una auténtica institución.

— Afirma Freud, además, que la homosexualidad es algo congénito y que puede acentuarse por influencias externas. No es una enfermedad, sino una variante sexual. No puede asegurar que las personas homosexuales puedan corregir su homosexualidad, pues mediante el psicoanálisis no se ha conseguido modificar el objeto sexual, aunque sí encontrar armonía, paz y eficacia como homosexual o heterosexual, ya que lo importante es conseguir serenidad y equilibrio personal, sea cual sea el comportamiento sexual.

— La homosexualidad es una atracción psicoerótica sexual totalmente distinta de la que se vive entre un hombre y una mujer.

— En realidad, la gente no pertenece de una manera clara a ninguna de las distintas categorías sexuales: heterosexual, homosexual o bisexual. Muchos adolescentes atraviesan períodos de homosexualidad experimental provisional. Algunas personas descubren su homosexualidad o bisexualidad después de casadas, pues puede que no sean incompatibles.

2.3. El Instituto Francés de la Opinión Pública publicó en 1978 un estudio sobre la opinión de los franceses acerca de su comportamiento sexual. Pueden extraerse, entre otros, los siguientes datos: el 49% admite que puede existir amor entre dos personas del mismo sexo; el 29% considera que la homosexualidad es un comportamiento sexual tan válido como cualquier otro; el 38% opina que es una enfermedad; el 22% opina que es un vicio; el 55% opina que ser homosexual es un derecho fundamental de la persona; el 59% no es muy tolerante con los homosexuales; el 31% menosprecia a los homosexuales; el 1% cree que la homosexualidad es un delito; el 51% condena la homosexualidad por razones morales o religiosas; el 14% cree que hay que negar a los homosexuales determinados puestos de trabajo, especialmente en la enseñanza; el 73% de los padres, si se enteraran de que sus hijos son homosexuales, intentarían hacerles cambiar.

3. Algunas conclusiones

La mayoría de los estudios concluyen que la homosexualidad no es una enfermedad, pero sí puede originar conflictos psíquicos, ya sea por ella misma o por el entorno en el que vive la persona, y que, por tanto, precisa ayuda psicológica, psiquiátrica y pastoral. En cualquier caso, no se puede juzgar al homosexual con criterios heterosexuales.

El hecho de que la homosexualidad se dé también en algunos animales y en determinados pueblos primitivos, e incluso haya sido vista como algo normal en algunas culturas, no prueba sino que la homosexualidad es posible, del mismo modo que son posibles otros comportamientos no ideales. Un comportamiento ideal es aquel sobre el que existe la seguridad de que es un valor auténtico, un bien para la persona y para la sociedad en la que vive. Por nuestra parte, y aunque algunos opinen de otra manera, creemos que no se puede admitir la homosexualidad como un valor auténtico, como un camino válido en la evolución y desarrollo del sexo, como una meta hacia la que pueda tenderse.

Más bien hay que concluir que dicha meta es la heterosexualidad. Lo cual no sólo es consecuencia de la cultura, aunque ésta tiene su influjo innegable, sino que responde a una realidad que se ha mantenido de manera constante y generalizada a lo largo de la historia. No podemos pensar que toda la humanidad se haya equivocado al proponer y utilizar la heterosexualidad como el camino para la realización personal.

Con toda la comprensión y fraternidad del mundo, hemos de mantener que la situación homosexual, como otras muchas situaciones y manifestaciones de la vida afectiva del ser humano, es algo fuera de lo normal y que muestra que el ser humano es un ser imperfecto, inacabado.

Algunos autores niegan la posibilidad de modificar la tendencia de un homosexual, mientras que otros piensan que un tratamiento adecuado puede producir el cambio. La primera postura quizá sea demasiado conformista, pues a nadie, sobre todo en los casos de tendencia adquirida, habría que disuadirle de intentar un cambio.

López Azpitarte (*Praxis cristiana,* 1981) afirma que, aun en la hipótesis de que la situación fuese irreversible por alguna causa, no se debe olvidar que la licitud de una conducta no se justifica por lo que se es, sino por lo que se debe ser. Lo cual quiere decir que, si los homosexuales reclaman su derecho a vivir como son, este principio habría que aplicarlo con la misma lógica a cualquier otro comportamiento. En este supuesto, la ética, como ciencia de los valores que ilumina la conciencia, debería sufrir cambios de acuerdo con las situaciones personales. Pero esto no debe ser así, pues el hombre y la mujer, con su esfuerzo y su trabajo, deben buscar los auténticos valores humanos. Las limitaciones del ser humano no deben servir de justificación a nadie para abandonarse resignadamente a su propia realidad, pues siempre hay metas más altas hacia las que dirigir la conducta.

La sociedad occidental, de raíces judeocristianas, ha perseguido durante muchos siglos la homosexualidad, considerada como un pecado desde el punto de vista religioso, como un delito abominable desde el punto de vista del derecho, como una enfermedad mental desde el punto de vista médico, o como un peligro social desde la perspectiva del orden público.

Por eso es preciso que reflexionemos sobre el tema y lo consideremos lo más de cerca posible, analizando detenidamente nuestras reacciones en la hipótesis de que un buen amigo e incluso alguno de nuestros hijos o hijas, hermanos o parientes, tuviera esta inclinación. ¿Qué postura tomaríamos frente a esa persona?

El que pueda haber personas que han hecho de su tendencia una forma de perversión, de promiscuidad o de proselitismo lleno de amenazas y violencias psicológicas, no es motivo para pensar que todos los homosexuales son iguales, pues muchos de ellos lo viven de una manera muy distinta.

4. Otros tres aspectos

Hay tres aspectos relacionados con la homosexualidad que conviene comentar, aunque sea brevemente, Se trata del matrimonio entre homosexuales, de su admisión a determinadas profesiones y del transexualismo.

4.1. *Matrimonio entre homosexuales.* Las relaciones homosexuales carecen, por su propia naturaleza, de la dimensión unitaria y procreadora. En el matrimonio, el hombre y la mujer se expresan su amor y se entregan el uno al otro de forma que su mutua donación sirva para acoger a la nueva criatura fruto de su amor. Un amor que, entre los homosexuales, puede que sea semejante, pero no puede llegar a la procreación. En este sentido, su situación no puede ser equiparable a la del matrimonio. Algo similar podría decirse con respecto a la adopción, pues, como confirma la psicología, para el desarrollo equilibrado del nuevo ser se requiere en principio la presencia del padre y de la madre; la ausencia de uno de ellos dificulta el desarrollo integral de la personalidad del niño o de la niña. Es frecuente que los homosexuales hablen de injusticia porque la sociedad no les permite ejercer la adopción de hijos, pero no suele hacerse referencia a lo que representa de injusticia para con éstos, por no darles las opciones necesarias para su desarrollo completo.

4.2. *Admisión de homosexuales a determinadas profesiones.* Tal vez la profesión más afectada sea la docente, sobre todo en relación a niños y adolescentes de uno u otro sexo, ya que el maestro y la maestra son también, junto con el padre y la madre, referencias para el desarrollo completo de los más jóvenes, y el homosexual puede introducir algún elemento distorsionante en el proceso de maduración.

4.3. *Transexualismo.* El cambio de sexo mediante la cirugía, seguido del tratamiento adecuado que origina un cambio importante en la personalidad, debe diferenciarse del simple cambio por puro concepto de la estética, mediante el cual lo que se persigue no es más que «sentirse mejor». No todo transexual queda contento consigo mismo, pues no siempre la intervención quirúrgica resulta tan bien como se esperaba, y a veces se hace necesaria una nueva intervención; pero en la mayoría de las ocasiones es difícil reconstruir el sexo anterior, y pueden aparecer frustraciones y disfunciones sexuales.

5. Actitudes típicas ante la homosexualidad

5.1. La actitud más frecuente en el fondo de la conciencia popular es la de rechazo. Los homosexuales (más los hombres que las mujeres) son seres pervertidos, criticados y condenados por una gran parte de la sociedad; su situación y comportamiento es vergonzante, repelente y humillante; son de una «casta» inferior a la nuestra. Esta actitud se observa con toda claridad en la cantidad de chistes y anécdotas reales o ficticias que se cuentan acerca de los homosexuales.

5.2. La compasión y la lástima constituyen otra actitud bastante extendida: hay que ser compasivos y tener lástima de «esa pobre gente» que vive clandestinamente en su mayoría, al margen de la sociedad, como viciosos pervertidos, pues quizá sean los nuevos marginados de la sociedad...

5.3. Muchas personas sienten miedo ante los homosexuales. Miedo a «caer» en sus redes o a que algún hijo o hija, pariente o amigo pueda ser seducido. Este sentimiento justificaría actitudes más o menos conscientes de rechazo, desprecio, repugnancia, etc. frente a personas homosexuales, que, en cierta medida, nos hacen perder la seguridad en nosotros mismos, llevándonos a considerarlos inferiores y peores que nosotros.

5.4. «Nadie tiene derecho a meterse en la vida de los demás»: cada cual puede vivir su vida, incluida la sexual, como quiera, sin que ninguna instancia tenga derecho a censurar o criticar las actitudes de nadie...

5.5. Existe la defensa a ultranza, a veces violenta, que suele ser practicada por grupos y asociaciones y por publicaciones diversas que nacieron en un principio con el fin de luchar contra la marginalidad que suponía ser «gay» o «lesbiana», pero que en la actualidad luchan por equiparar su situación a la de una unión heterosexual, pues manifiestan que la inclinación sexual es única y exclusivamente consecuencia de la cultura.

6. Cuestionario

1. ¿Reconoces en las actitudes presentadas las que existen en nuestra sociedad respecto a la homosexualidad? ¿Cuáles te parecen más extendidas? ¿Puedes añadir otras?
2. ¿Cuáles son tus actitudes dominantes ante la homosexualidad? ¿Y las de tu familia? ¿Y las del equipo? ¿Y las de tu ambiente?

7. Para la oración

7.1. Después de leer y reflexionar sobre este texto, intercambiar en el grupo y concluir con una oración comunitaria.

> «Hermanos, si alguno incurre en falta, vosotros, que sois hombres de espíritu, debéis corregirle con amabilidad. Y manteneos todos sobre aviso, porque nadie está libre de ser puesto a prueba. Ayudaos mutuamente a llevar las cargas, y así cumpliréis la ley de Cristo. Si alguno se figura ser algo, cuando en realidad no es nada, se engaña a sí mismo. Que cada uno se examine en su propia conducta; porque ha de ser la suya y no la del vecino la que le proporcione motivos de satisfacción, y nadie debe retirar el hombro a la hora de llevar su propia carga» *(Gal 6,1-5).*

7.2. Oración

> «Señor Jesús, acrecienta en nosotros los sentimientos y actitudes de caridad para ver en todos nuestros hermanos tu presencia viva, santificadora y salvadora.

Danos capacidad de comprensión, de aceptación, de perdón, de acogida de toda clase de personas, cualesquiera que sean sus opciones personales.

Enséñanos a ofrecerles nuestra ayuda desinteresada y unos comportamientos que permitan a los demás ver en nosotros un reflejo claro e inequívoco de Tu amor por todos los seres humanos. Amén».

SEGUNDA REUNIÓN: CON OJOS Y CORAZÓN CRISTIANOS

«No llames a juicio a tu siervo,
pues ningún hombre vivo es inocente frente a ti»
(Salmo 142)

Introducción

Al comenzar la segunda parte de este tema acerca de las actitudes cristianas ante la homosexualidad, es conveniente recordar que el hecho de tener tendencias homosexuales no es en sí malo, por lo que no podemos decir que sea mala una persona que involuntariamente posea esa orientación y unos sentimientos fuera de lo normal. Si su homofilia no parte de una opción elegida libremente, no tiene por qué pensarse que ha pecado, ya que para que tal cosa ocurra debe hacer una aceptación libre y voluntaria.

En los evangelios no se encuentra ninguna referencia explícita de la homosexualidad. Sin embargo, en otros lugares de la Biblia hay varios testimonios que la consideran como pecado, en el sentido de ser contraria a los designios de Dios.

1. La Sagrada Escritura

La condena cristiana de la homosexualidad viene de la tradición judía y puede encontrarse en textos del Antiguo Testamento. Así, el Levítico dice: «no te acostarás con varón como con mujer; es abominación» *(Lev 18,22; cf. Lev 20,13)*. En el libro primero de los Reyes *(14,24)* aparece también una clara referencia al respecto, cuando se habla de las abominaciones cometidas por el pueblo.

Pero quizás el texto del Antiguo Testamento más duro en relación con este tema sea el de la destrucción de Sodoma y Gomorra *(Gn 19,1-29)*, donde se describe el intento de abuso de los vecinos de Lot con relación a sus huéspedes. Un relato similar puede encontrarse en el libro de los Jueces, cuando relata el crimen de los vecinos de Guibeá *(Jc 19,22-30)*. Estos textos han sido interpretados por los estudiosos de la Biblia de diferente manera. El hecho de que el castigo recaiga sobre el pueblo se debe, para unos, a la homosexualidad, mientras que para otros se debe a la falta de hospitalidad con los extranjeros, que era también un pecado muy grave en aquella época.

En el Nuevo Testamento, las citas que se pueden encontrar están en san Pablo, que la condena sin consideración, como una nota del paganismo grecoromano:

> «Por eso los entregó Dios a pasiones infames: pues sus mujeres invirtieron sus relaciones naturales por otras contra la naturaleza; igualmente los hombres, abandonando el uso natural de la mujer, se abrasaron en deseos los unos por los otros, cometiendo infamias hombres con hombres, recibiendo en sí mismos el pago merecido por su extravío» *(Rm 1,26-27)*.

En dos ocasiones incluye la homosexualidad entre los pecados que excluyen del reino de Dios:

> «¿No sabéis acaso que los injustos no heredarán el Reino de Dios? ¡No os engañéis! Ni los impuros, ni los idólatras, ni los adúlteros, ni los afeminados, ni los homosexuales, ni los ladrones, ni los avaros, ni los borrachos, ni los ultrajadores, ni los rapaces heredarán el Reino de Dios» *(1 Cor 6,9-10; cf. 1 Tim 1,9-10).*

2. Textos cristianos primitivos

La primera alusión a la homosexualidad en un texto cristiano fuera de la Biblia, se encuentra en la *Didajé,* manual para misioneros fundadores de nuevas comunidades cristianas. El documento, escrito entre los años 50 y 70, parece proceder de una comunidad de tradición judía situada en Siria, concretamente en Antioquía. Allí aparece la homosexualidad como violación y corrupción de menores: «Hay dos caminos, uno para la vida y otro para la muerte, y es grande la diferencia entre ambos... Según precepto de la Instrucción: no matarás, no robarás, no corromperás a los menores, no fornicarás».

La *epístola de Bernabé* es otro documento de los primeros años de la era cristiana (96-98) que contiene una serie de recomendaciones para progresar como cristianos. En lo referente a la moral sexual dice: «No cometerás prostitución, ni adulterio, ni corromperás muchachos...»

La *Tradición Apostólica,* que parece ser la reglamentación eclesiástica más antigua, reproduce la disciplina en la comunidad cristiana de Roma a principios del siglo III y ejerció una gran influencia en las otras Iglesias. Niega el bautismo e incluso el catecumenado a los invertidos y afeminados. La prohibición, más que por la desviación moral, era debida a que las prácticas de las prostitutas y los homosexuales formaban parte de los cultos idolátricos.

3. Los Padres de la Iglesia

San Juan Crisóstomo dice: «Los pecados de los que miran en torno a sí a las mujeres hermosas y de los que buscan ávidamente a jóvenes muchachos en la flor de la edad son merecedores de rayos y del infierno».

Por su parte, *san Agustín,* en su libro de las «Confesiones», nos dice: «Todos los pecados contra la naturaleza, como fuera el de los sodomitas, han de ser detestados y castigados siempre y en todo lugar, los cuales, aunque todo el mundo los cometiera, no serían menos reos de crimen ante la ley divina, que no ha hecho a los hombres para usar tan torpemente de sí, puesto que se viola la sociedad que debemos tener con Dios cuando dicha naturaleza, de la que Él es autor, se mancha con la perversidad de la libido».

Después de la época de los Padres, *santo Tomás de Aquino* es quien más ha influido en la filosofía y la teología católicas. En lo referente a la sexualidad, distingue entre pecados *secundum naturam* y pecados *contra naturam.* Entre los primeros incluye los que no se oponen a la procreación, como son el adulterio, el incesto, el estupro, etc; mientras que en los segundos se excluye toda posibilidad de procreación: masturbación, coito con animales (bestialidad), actos con personas del mismo sexo (sodomía) y el uso indebido del matrimonio, es decir, todo lo que no sea coito vaginal. Sin embargo, santo Tomás parece olvidar algunos aspectos de la naturaleza humana, como son el placer, el afecto, la comunicación, el intercambio, etc., que tienen tanta importancia en la relación interpersonal como la procreación.

4. Las normas conciliares y pastorales

Diversos *concilios antiguos* condenaron la homosexualidad. Así, los de Elvira (alrededor del 300) y Ancira (314) excluyen a los sodomitas de la recepción de los sacramentos. Entre los siglos VII al XI aparecen los libros llamados *«penitenciales»,* guías que utilizaban los sacerdotes para imponer las penitencias. En ellos aparece la homosexualidad como pecado grave, con penas entre 3 y 15 años de exclusión de la comunidad.

El *decreto de Graciano* (1139-1140) ha formado parte de la legislación básica de la Iglesia hasta la promulgación del Código de derecho canónico de 1917. Condena los actos homosexuales considerándolos más graves que el adulterio o la fornicación.

La síntesis de la teología y del derecho canónico que la Iglesia emprende a mediados del siglo XIII y que dura hasta el XV, ejerce una influencia en las legislaciones civiles de los estados europeos de la época, que incluyen condenas de la homosexualidad semejantes a las de la Iglesia.

5. Documentos más recientes

La *Congregación para la Doctrina de la Fe* publicó un documento, el 29-12-75, sobre cuestiones de ética sexual en el que, entre otras cosas, puede leerse: «En nuestros días, fundándose en observaciones de orden psicológico, han llegado algunos a juzgar con indulgencia e incluso a excusar completamente las relaciones entre personas del mismo sexo en contraste con la doctrina constante del magisterio y con el sentido moral del pueblo cristiano». El documento no acepta que la inclinación homosexual pueda ser natural, ni siquiera en aquellos en quienes está más arraigada.

El documento anima a acoger a los homosexuales con comprensión, sostenerlos en la esperanza de su superación y juzgar con prudencia su culpabilidad, pero no se puede emplear ningún método pastoral que reconozca una justificación moral a los actos homosexuales, que son intrínsecamente desordenados y no pueden recibir aprobación en ningún caso. Encomienda a la familia y a los educadores la ayuda que los sujetos deben recibir:

> «Al buscar las causas de este desorden, la familia y el educador tendrán en cuenta primeramente los elementos de juicio propuestos por el magisterio y se servirán de la contribución que diversas disciplinas pueden ofrecer. Después se analizarán los diferentes elementos: falta de afecto, inmadurez, impulsos obsesivos, seducción, aislamiento social, la depravación de costumbres y lo licencioso de los espectáculos y publicaciones. Tendrán presente que en lo profundo del hombre yace su innata debilidad, consecuencia del pecado original, que puede desembocar en la pérdida del sentido de Dios y del hombre y tener sus repercusiones en la esfera de la sexualidad. En segundo lugar, individuadas y comprendidas las causas, la familia y el educador ofrecerán una ayuda eficaz al proceso de crecimiento integral, acogiendo con comprensión, creando un clima de confianza, animando a la liberación y progreso en el dominio de sí; promoviendo un auténtico esfuerzo moral de conversión hacia el amor de Dios y del prójimo, sugiriendo —si fuera necesario— la asistencia médica y psicológica de una persona atenta y respetuosa de las esperanzas de la Iglesia».

En 1979 y en 1983, dirigiéndose en ambas ocasiones a los obispos estadounidenses, Juan Pablo II hizo referencia a la homosexualidad indicando que es incompatible con el plan de Dios para el amor humano.

El nuevo *Código de Derecho Canónico,* publicado en 1983, no hace referencia explícita a la homosexualidad.

El *Catecismo de la Iglesia Católica* (1992) trata también el tema de la homosexualidad. Lo hace en los números *2.357-2.359,* y en el resumen del capítulo incluye las «prácticas homosexuales» entre los pecados graves contra la castidad *(2.396).* En el número *2.347,* al definir la homosexualidad, señala que «su origen psíquico permanece en gran medida inexplicado»; y recuerda que, «apoyándose en las Sagradas Escrituras, que los presenta como depravaciones graves... la Tradición ha declarado siempre los actos homosexuales como intrínsecamente desordenados..., contrarios a la ley natural. Cierran el acto sexual al don de la vida. No proceden de una verdadera complementariedad afectiva y sexual. No pueden recibir aprobación en ningún caso».

El número *2.358* dice que «un número apreciable de hombres y mujeres presentan tendencias homosexuales instintivas. No eligen su condición homosexual; ésta constituye para la mayoría de ellos una auténtica prueba. Deben ser acogidos con respeto, compasión y delicadeza. Se evitará respecto de ellos todo signo de discriminación injusta. Estas personas están llamadas a realizar la voluntad de Dios en su vida y, si son cristianas, a unir al sacrificio de la cruz del Señor las dificultades que pueden encontrar a causa de su condición».

En el *2.359* dice que «las personas homosexuales están llamadas a la castidad. Mediante un dominio de sí mismo que eduque la libertad interior, y a veces mediante el apoyo de una amistad desinteresada, de la oración y la gracia sacramental, pueden y deben acercarse gradual y resueltamente a la perfección cristiana».

Para terminar, hay que citar la manifestación de *Juan Pablo II* en el ángelus del 20 de febrero de 1994. En relación a las «uniones homosexuales», dijo que «no puede constituir una verdadera familia el vínculo entre dos hombres o dos mujeres, y mucho menos se puede atribuir a esa unión el derecho a adoptar niños privados de familia».

6. Cuestionario

1. Tras el estudio de la Palabra de Dios y la doctrina de la Iglesia, ¿cómo crees que debe ser la actitud cristiana ante la homosexualidad?
2. ¿Reconoces ahora valores cristianos en otras actitudes diferentes de las tuyas, de las de tu familia, tu equipo, tu ambiente?
3. ¿En qué cosas hemos de cambiar nuestras actitudes para que éstas sean cristianas?
4. ¿Qué propósitos o compromisos hacemos como personas, como familia y como equipo para adoptar una actitud cristiana y transmitirla a nuestros hijos y nuestros ambientes?

7. Para la oración

7.1. Después de la lectura del siguiente texto, intercambiar ideas y sentimientos y terminar con una oración comunitaria

> «"Venid benditos de mi Padre, recibid la herencia preparada para vosotros desde la creación del mundo.

Porque tuve hambre y me disteis de comer; tuve sed y me disteis de beber; era forastero y me acogisteis; estaba desnudo y me vestisteis; en la cárcel y vinisteis a verme".

Entonces los justos le responderán: "Señor, ¿cuándo te vimos hambriento y te dimos de comer; o sediento y te dimos de beber? ¿Cuándo te vimos forastero y te acogimos; o desnudo y te vestimos? ¿Cuándo te vimos enfermo o en la cárcel y fuimos a verte?"

Y el Rey les dirá: "En verdad os digo que cuanto hicisteis a uno de estos hermanos míos más pequeños, a mí me lo hicisteis"» *(Mt 25,34-40).*

7.2. Salmo 127

«Dichoso el que teme al Señor y sigue sus caminos.
Comerás del fruto de tu trabajo,
serás dichoso, te irá bien.
Tu mujer como parra fecunda en medio de tu casa,
tus hijos como renuevos de olivo
alrededor de tu mesa:
ésta es la bendición del hombre que respeta al Señor.
Que el Señor te bendiga desde Sión,
que goces de la prosperidad de Jerusalén
todos los días de tu vida;
que veas a los hijos de tus hijos. ¡Paz a Israel!»

BIBLIOGRAFÍA

1. A. MIRABET I MULLOL, *Homosexualidad hoy,* Herder, Barcelona 1985.
2. F. ELÍZARI, E. LÓPEZ AZPITARTE y J. RINCÓN, *Praxis cristiana. II: Opción por la vida y el amor,* Paulinas, Madrid 1981.
3. G. HIGUERA, «La homosexualidad, ¿enfermedad o pecado?»: *Sillar* (1981).
4. CONGREGACIÓN PARA LA DOCTRINA DE LA FE, *Carta a los obispos de la Iglesia católica sobre la orientación pastoral a las personas homosexuales,* (1986).

10
La marginación y la pobreza

Objetivos

1. Que la comunidad familiar descubra la existencia de la marginación en la llamada «sociedad del bienestar».
2. Generar en la familia actitudes cristianas con el mundo de los marginados, con un nuevo estilo de vida y una nueva práctica social.
3. Que descubramos que la «opción por los pobres y marginados» no es un simple tópico de moda en algunos ambientes cristianos, sino algo asumido por el Magisterio de la Iglesia.

Presentación del tema

El consumismo, el capricho, el lujo, que hoy tientan tan de cerca a muchos hogares y familias cristianas, ahogan la dimensión trascendente de las familias y empobrecen a las personas que han de formarse en el seno de la «comunidad familiar».

La pobreza, la marginación y el sufrimiento nos interpelan y cuestionan nuestro estilo de vida. Nos invitan a la conversión y exigen a las familias una respuesta solidaria y un cambio de actitudes.

Revisar la realidad de la marginación y la pobreza tiene ya sus exigencias: comporta vivir inmerso en la vida individual y social dejándose impregnar por ella, asumirla como es (no como quisiéramos que fuese) y, por tanto, captarla en su verdad y, finalmente, reaccionar de modo humano ante ella.

Queremos analizar nuestras actitudes y que, frente a un mundo de abundancia y consumo, seamos capaces de ver el hambre de muchas personas de nuestro propio barrio.

Asumir la opción por los marginados y los pobres significa no sólo acercamiento compasivo a ellos, sino también inserción solidaria en el complejo mundo de la pobreza e identificación sincera con sus esperanzas, luchas y proyectos.

La realidad de la marginación y la pobreza es el síntoma de una enfermedad que padece nuestro sistema social. Las familias cristianas tenemos que revisar nuestras actitudes, ya que tenemos tendencia a adoptar las del sistema y a pensar que el problema de la marginación es de los propios marginados o, cuando mucho, del gobierno, cuando en verdad es un problema de toda la sociedad.

PRIMERA REUNIÓN: MIRAMOS Y JUZGAMOS

«Si ves a un pobre, no vuelvas el rostro,
y Dios no apartará su rostro de ti»
(Tob 4,7)

1. Los hechos y sus causas

Algo falla en nuestro sistema económico, que genera una creciente pobreza, exclusión y marginación. Drogadictos, delincuentes, refugiados, gitanos, negros, parados, presos, familias sin hogar, sin trabajo y sin ingresos para vivir, mendigos, prostitutas, enfermos de SIDA, ancianos solos o abandonados, mujeres maltratadas, alcohólicos... forman los millones de marginados y pobres. A éstos hay que añadir la existencia de los suburbios de los pueblos y ciudades, donde viven infrahumanamente hacinados millones de seres humanos.

El *paro* es en estos momentos el problema que provoca un empobrecimiento cada vez mayor en las familias de nuestra sociedad. Además de los múltiples problemas y sufrimientos que padecen, el paro genera en los mismos parados y en sus familias otros problemas específicos: el «síndrome del parado», conflictos matrimoniales, refugio en la droga, el alcohol o la prostitución...

Otro colectivo en grave riesgo de marginación es el *mundo rural.* Numerosas bolsas de pobreza se dan en la comarcas deprimidas y débiles, que han perdido gran parte de su población joven y dinámica, con malas viviendas, con falta de comunicaciones y sin las debidas atenciones sanitarias y escolares.

Los *ancianos* son otro colectivo de marginados. Su situación es muy desvalida, y la inseguridad económica de muchos de ellos, con pensiones que no llegan a cubrir las necesidades básicas, se ve agravada en muchos casos por el deterioro físico y psíquico propio de la edad, por la falta de afecto familiar, la soledad, la incomunicación y la incapacidad para defender sus propios derechos.

Otro grupo humano que vive la marginación lo constituyen los *inmigrantes y extranjeros,* a quienes podemos ver en nuestros pueblos y ciudades haciendo trabajos clandestinos, hacinados en chabolas, deambulando por las calles mientras tratan de vender baratijas o dedicados al tráfico de productos ilegales.

No hay ciudad o pueblo que se libre de la pobreza. La marginación no es consecuencia de la crisis económica, sino que constituye un problema endémico de nuestra estructura socio-económica que irá en aumento en los próximos años, al sumarse otros factores que ya se vislumbran desde hace algún tiempo. El programa de los políticos sobre la economía actual se está orientando a seguir manteniendo el «Estado del bienestar» en beneficio de dos tercios de la población, conscientes de que el tercero restante quedará excluido. Se trata de una sociedad dual, en la que el 66% se beneficiará del bienestar y el desarrollo económico, mientras que el otro 34% quedará marginado.

2. Las actitudes

2.1. La situación de la marginación y la pobreza es siempre tan inhumana que repele a todos nuestros sentidos, y nuestra primera reacción es la de *desviar nuestra mirada* de esa realidad que nuestra sensibilidad rechaza. Nuestros sentidos, repletos de tales sensaciones, pueden tratar de no percibir la existencia en nuestra misma escalera de una familia en dificultades, o del hijo que tiene la «mirada triste». Ésta es una primera actitud: huida de la realidad, por egoísmo.

2.2. Ante estas situaciones tan variadas y abundantes de pobreza, otra actitud frecuente es la de *perplejidad e impotencia:* «No podemos hacer nada, el problema nos supera...: ¿qué podemos hacer?» «No quiero saber nada de este horrible problema, me produce miedo»...

2.3. Otra actitud es el *individualismo,* que se da incluso en los propios marginados. Se trata de buscar una salida a los problemas, y para ello se deja de lado a los demás. Es la ley del «sálvese quien pueda»: lo que nosotros tenemos que hacer es solucionar nuestro problema, mirar por nuestros intereses... También está presente el individualismo en el sector acomodado: «nosotros vamos a procurar ser honestos a nivel individual y familiar, hacer bien nuestro trabajo..., y ya está».

2.4. Los pobres no sólo son personas que carecen de cosas. Ser pobre es una manera de ser hombre: los pobres tienen su manera de pensar, de pasar el tiempo libre, de hablar, de hacer amigos... Los pobres no abren la boca, callan, mantienen un silencio de siglos. Muchos, vencidos y olvidados, como arrancados de la tierra, despreciados, cargan sobre sí el peso de su historia. Pero nosotros hacemos *ausencia* de su presencia y nos apresuramos a escapar de sus súplicas silenciosas, incapaces de soportar esa mirada que es fragilidad infinita, esperanza estremecida. Es un mundo *silencioso y silenciado.* Ellos no hablan, y de ellos no se habla: no tienen voz, están fuera de la ley. Muchos saben que, si denuncian su situación, acabarán aún peor de lo que están, porque o no tienen DNI o carecen de permiso de residencia; porque, cuando trabajan, lo hacen clandestinamente; porque viven en un lugar que no reúne los mínimos legales de habitabilidad... Y entonces prefieren callar. ¿Y la sociedad? ¿Y nosotros? También preferimos no hablar de ellos; lo que predomina es el *silencio.* Y no es difícil intuir el significado de este silencio nuestro: escondemos un sentimiento de culpa colectiva. En el fondo, sabemos que somos responsables de estas tragedias.

2.5. Estamos acostumbrados a *valorar a los héroes y mártires* que mueren «con sentido», sabiendo que van a la muerte. Y, sin embargo, la historia está poblada de víctimas calladas anónimas, de personas que parecen condenadas a que nadie les preste nunca la más mínima atención. Es más, los pobres y marginados buscan el anonimato. No quieren que se les conozca públicamente. Por eso buscan el lugar idóneo para pasar desapercibidos, que no es otro que la gran ciudad, donde se puede vivir míseramente sin que nadie te pregunte quién eres o qué te ocurre.

En silencio nacen, trabajan y mueren, cerca y lejos, en los márgenes y en la ciudad...; pero nosotros, privilegiados de la tierra, vivimos en el «bienestar». En ocasiones, tal vez ante el televisor, nos sentimos afectados en lo más hondo ante el drama de tanto desdichado; más tarde, vivimos como si aquello no fuera con nosotros. Aquí se descubren nuevas actitudes: el anonimato deseado o aceptado, la compasión pasajera e ineficaz.

3. Cuestionario

1. ¿Reconoces en las actitudes típicas presentadas las que se dan en nuestra sociedad con respecto al problema? ¿Cuáles piensas que se dan con mayor frecuencia?
2. ¿Podrías añadir alguna otra?
3. ¿Cuáles crees que son tus propias actitudes ante ellas? ¿Y las de tu familia? ¿Y las del equipo? ¿Y las de tu ambiente?

4. Para la oración

1. Texto para la reflexión y la oración personal, conyugal y comunitaria:

> «Escuchad, hermanos míos queridos: Dios ha elegido a los pobres del mundo para hacerles ricos en la fe y herederos del reino que prometió a los que le aman.

¡Pero vosotros despreciáis al pobre! Y, sin embargo, son los ricos los que os tiranizan y os arrastran ante los tribunales. Son ellos los que deshonran el hermoso nombre de Jesús, que fue invocado sobre vosotros en el bautismo. Vuestra conducta será buena si cumplís la suprema ley de la Escritura: "Amarás a tu prójimo como a ti mismo". Pero, si os dejáis llevar de favoritismos, cometéis pecado, y la Ley os acusa como transgresores» *(Sant 2,5-9)*

2. Oración para recitar

«Con vosotros está, y no lo conocéis;
Con vosotros está: su nombre es el Señor».

«Su nombre es el Señor, y pasa hambre,
y clama por boca del hambriento,
y muchos que lo ven pasan de largo,
acaso por llegar temprano al templo.

Su nombre es el Señor, y sed soporta,
y está en quien de justicia está sediento,
y muchos que lo ven pasan de largo,
a veces ocupados en sus rezos.

Su nombre es el Señor, y está desnudo,
la ausencia de su amor hiela los huesos,
y muchos que lo ven pasan de largo,
seguros al calor de su dinero.

Su nombre es el Señor, y enfermo vive,
y su agonía es la del enfermo,
y muchos que lo saben no hacen caso,
tal vez frecuentan mucho el templo.

Su nombre es el Señor, y está en la cárcel,
está en la soledad de cada preso,
y nadie lo visita, y hasta dicen:
"Tal vez ése no era de los nuestros".

Su nombre es el Señor, el que sed tiene,
el que pide por boca del hambriento,
está preso, está enfermo, está desnudo,
pero Él nos va a juzgar por todo eso»

(M. Manzano, Ed. Paulinas)

SEGUNDA REUNIÓN: CON OJOS Y CORAZÓN CRISTIANOS

«La creación, en anhelante espera, aguarda
a que se revele lo que es ser Hijos de Dios»
(Rom 8,19-24)

Introducción

Hemos visto en la reunión anterior la realidad sangrante de tantas formas de pobreza, opresión y discriminación, seculares algunas de ellas, otras de cuño y formas más recientes. La fidelidad al Espíritu y al seguimiento de Jesús exige y se manifiesta principalmente en opciones, actitudes, estilos de vida y compromisos que respondan al clamor angustiado de los sufrientes y excluidos y se articulen con los esfuerzos de los pobres por caminar hacia formas de convivencia y de relaciones que introduzcan en la dinámica social el reconocimiento de la dignidad de las personas, la defensa de los derechos fundamentales y el respeto por la justicia. Y ello, no de manera esporádica y coyuntural, sino como opciones permanentes que logren poner eficazmente el compromiso personal y la participación de familias y equipos en una perspectiva crítica y liberadora.

1. Actuación y enseñanzas de Jesús

Todo en Jesús —su actuación y su doctrina, que además están plenamente identificadas— sirve de referencia para revisar nuestras actitudes y criterios.

1.1. *La vida de Jesús.* Jesús pasó su vida en un ambiente de marginación en sus diferentes aspectos socio-económico, político, religioso, étnico, etc. Y en este ambiente Jesús es también un marginado, se relaciona con los marginados y vive y muere como un marginado. Su actividad pública comienza con la creación de un movimiento de renovación que se mueve en los márgenes socio-religiosos. Elige entre sus seguidores a personas pobres y las envía a predicar a los marginados un mensaje nuevo de liberación. Él mismo se siente marginado como consecuencia de su comportamiento religioso y socialmente desestabilizador. Vive siempre en la frontera, rozando —cuando no transgrediendo— la legalidad vigente, lo que le crea problemas de convivencia.

Su relación con los marginados le convierte en un sospechoso. Es perseguido y, al final, apresado. Muere como un marginado, como un malhechor, fuera de la ciudad.

1.2. *Relaciones de Jesús.* Jesús se mezcla con la masa: sabe oír y preguntar. En más de una ocasión dicen los Evangelios que Jesús ve las necesidades *(Mt 9,36; Mc 6,34; Lc 7,13).* Da a entender que la misericordia hace descubrir la cara oculta y ocultada de la realidad, impide pasar de largo y abre los ojos del corazón. Es la suya una presencia atenta y solidaria, un acercamiento compasivo a la situación difícil del pueblo y de las personas. Siente compasión por la muchedumbre, «porque estaba vejada y abatida como ovejas sin pastor» *(Mt 9,36).* Movido por dicha compasión, «curaba a los enfermos» *(Mt 14,20)* y «enseñaba a la gente» *(Mc 6,34).* Ante el leproso que le suplica, Jesús se siente «compadecido de él» *(Mc 1,14).*

> «Un sábado estaba Jesús enseñando en una sinagoga, y había una mujer que desde hacía dieciocho años estaba poseída por un espíritu que le producía una enfermedad; estaba encorvada y no podía enderezarse del todo. Jesús, al verla, la llamó y le dijo: "Mujer,

quedas libre de tu enfermedad". Le impuso las manos, y en el acto se enderezó y se puso a alabar a Dios» *(Lc 13,10).*

Los instalados en el sistema de la «civilización del bienestar» no sienten la misericordia bíblica ni experimentan indignación, sino satisfacción; consiguientemente, no desean el cambio, sino la perpetuación de lo que tienen.

1.3. *Preferencia de Jesús.* Es indudable que Jesús sintió preferencia por los más débiles e insignificantes. Una preferencia que constituye el signo que identifica su misión y que, por tanto, es la actitud obligada para quienes pretendan seguirle: «El Espíritu del Señor está sobre mí... me ha enviado a anunciar a los pobres la Buena Nueva, a proclamar la liberación a los cautivos y la vista a los ciegos, para dar libertad a los oprimidos...» *(Lc 4,18-19).* Así, los invitados a la cena son los pobres: «...haced entrar a los pobres y lisiados, ciegos y cojos» *(Lc 14,21).* Y por eso ora así: «Yo te bendigo, Padre..., porque has ocultado estas cosas a sabios y prudentes y se las has revelado a los pequeños y humildes» *(Mt 11,25).*

Dios llama a los marginados a salir del anonimato. Dios quiere que ninguna persona sea insignificante. Jesús se pone de parte de los pobres y les libera de su aislamiento. Les ayuda a vivir, a caminar erguidos, a que se les reconozca como personas humanas plenas y completas.

1.4. *Jesús libera del silencio*

«Le presentaron a un sordomudo... Él lo apartó de la gente y, una vez a solas con él, le metió los dedos en los oídos y le tocó la lengua con saliva; luego, mirando al cielo, suspiró y dijo: "Ábrete". Inmediatamente se le abrieron los oídos, se le soltó la traba de la lengua y empezó a hablar» *(Mc 7,32-35).*

Muchas familias y personas de nuestro ambiente han enmudecido, porque no hay sitio para sus palabras. Otras han sido enmudecidas por el miedo, la violencia o el desprecio. *Se le soltó la lengua y empezó a hablar.* Es un milagro de Dios cuando los «marginados» (delincuentes, toxicómanos, excluidos, pobres..) hablan sus propias palabras sobrecogedoras. Es menester, pues, dejarles hablar e interpretar sus palabras...

1.5. *Jesús sabe mirar*

> «Jesús se sentó frente al arca del Tesoro y miraba cómo echaban las gentes monedas en el arca. Muchos ricos echaban mucho. Llegó una viuda pobre y echó dos monedas. Entonces, llamando a sus discípulos, les dijo: "Os digo de verdad que esta viuda pobre ha echado más que todos en el arca"» *(Lc 21,1-4).*

¿Qué es lo que hace Jesús? Algo capital en la línea de la opción por los pobres: nos enseña a ver. Lo primero es saber mirar. Lo que vemos depende de dónde nos situemos. Si escogemos en la vida un determinado lugar, veremos unas cosas; si escogemos otro, veremos otras. Nosotros sabemos escoger el ángulo que amortigüe la realidad de la pobreza. Sin embargo, saber ver es una condición para la autenticidad.

1.6. *Jesús sabe escuchar y compartir*

«Un mendigo ciego, Bartimeo, estaba sentado a la vera del camino. Al oír que era Jesús, empezó a gritar: "¡Jesús, Hijo de David, ten compasión de mí!" Muchos le regañaban para que se callara, pero él gritaba mucho más. Jesús se detuvo y dijo: "Llamadlo"... Jesús le dijo: "¿Qué quieres que haga por ti?" El ciego contesto: "Maestro, que vea". Jesús le dijo: "Anda, tu fe te ha curado"» *(Mc 10,46-51).*

> «Jesús vio a mucha gente y sintió lástima de ellos, porque andaban como ovejas sin pastor... Y tomando los cinco panes y los dos peces, alzó la mirada al cielo, partió los panes y los peces y se los dio a sus discípulos para que los sirvieran» *(Mt 14,13).*

El ciego grita como muchas personas que tienen hondas necesidades, y recibe inicialmente la respuesta que muchos marginados obtienen hoy: intentan hacerle callar. Jesús, dirigiéndose a él, le dice: «¿Qué quieres que te haga?; ¿qué quieres de mí?» ¡Cuántas veces nosotros, como familias cristianas, no sabemos preguntar a los pobres qué es lo que quieren...! ¡Pensamos que sabemos mejor que ellos lo que necesitan! Si queremos servir y ayudar a los marginados, nuestra solidaridad exige que los escuchemos. El diálogo y la participación da sentido a su vida. Hay que estar dispuestos a compartir lo que se tiene.

1.7. *Un corazón nuevo y un camino hacia Dios.* Para vivir como Jesús, hemos recibido las fuerzas necesarias. Para amar como Él amó, hemos recibido un corazón nuevo. Como dice el «Principito» de Saint-Exupéry, «sólo se mira lo que se ama; sólo se ve bien con el corazón; lo esencial es invisible a los ojos». Mirar desde el corazón es mirar desde lo más íntimo que hay en nosotros: «Os daré un corazón nuevo, infundiré en vosotros un espíritu nuevo», había prometido el profeta *Ezequiel (36,26).* Jesús se lo explica a Nicodemo como necesidad de «nacer de nuevo, nacer de arriba» *(Jn 3,3).* Por el contrario, «el hombre viejo, que se corrompe siguiendo la seducción de las concupiscencias», se manifiesta en el sentido mundano de nuestras actitudes, de nuestros estilos de vida y de nuestra manera de valorar, marcados por el egoísmo, la mentira, la injusticia, y en muchas expresiones de incoherencia ética y de superficialidad, que son la versión actual de lo que Pablo denuncia como pérdida del sentido moral (cf. *Ef 4,19*).

Acercarse a los pobres es acercarse a Dios (cf. *Mt 25,46ss*). Seguir a Jesús supone solidarizarse con los crucificados de este mundo: los que sufren violencia, los empobrecidos, deshumanizados y ofendidos en sus derechos. Jesús nos recuerda que la religión verdadera nos orienta permanentemente hacia el verdadero amor al «otro», en quien se esconde, como de incógnito, Dios mismo.

2. Juicio y magisterio de la Iglesia

2.1. *La Iglesia, solidaria.* El Concilio Vaticano II describe perfectamente el fundamento de una mirada creyente y solidaria:

> «Los gozos y las esperanzas, las tristezas y las angustias de los hombres de nuestro tiempo, sobre todo de los pobres y de cuantos sufren, son a la vez gozos y esperanzas, tristezas y angustias de los discípulos de Cristo. Nada hay verdaderamente humano que no encuentre eco en su corazón... La Iglesia, por ello, se siente íntima y realmente solidaria del género humano y de su historia» *(GS, 1).*

Pablo VI, en *Populorum Progressio,* insiste en la solidaridad de la Iglesia con los pobres del mundo:

> «El desarrollo no se reduce a simple crecimiento. Para ser verdaderamente auténtico, ha de ser íntegro, es decir, promover a todos los hombres y todo el hombre... Los pueblos del hambre interpelan hoy de manera dramática a los pueblos de la opulencia. La Iglesia se estremece ante ese grito de angustia y apela a todos para que respondan con amor a la llamada de los hermanos» *(PP, 3).*

Juan Pablo II, por su parte, propone también la solidaridad. La realidad tan triste de hoy es el resultado, al menos en parte, de una concepción demasiado estrecha de la economía y el desarrollo:

> «[La solidaridad] no es un sentimiento superficial por los males de tantas personas, cercanas o lejanas. Al contrario, es la determinación firme y perseverante de empeñarse por el bien común; es decir, por el bien de todos y de cada uno» *(SRS, 38)*.

2.2. *El amor y la justicia.* En la visión cristiana, el amor no suplanta a la justicia, sino que la promueve, la acompaña y la enriquece de humanidad verdadera.

El amor cristiano y la justicia no se pueden separar. El amor exige la justicia, el reconocimiento de la dignidad y de los derechos del prójimo. La justicia, a su vez, alcanza su plenitud en el amor.

> «El amor por el hombre, y en primer lugar por el pobre, en el que la Iglesia ve a Cristo, se concreta en la promoción de la justicia» *(CA, 48,1)*.

2.3. *La mirada cristiana a los pobres*

> «¡Qué fácil es denunciar la injusticia estructural, el pecado social...! Y es cierto todo eso; pero ¿dónde están la fuentes del pecado social? En el corazón de cada hombre. La sociedad actual es como una especie de sociedad anónima en la que nadie se siente culpable y en la que todos somos responsables» *(Mons. Óscar Romero)*.

> «Si somos coherentes con el Evangelio, los cristianos debemos necesariamente mirar la pobreza desde abajo, desde donde la ven los pobres *(IP, 8)*.

> «Dios está ahí: en el barrio y en el pueblo, en la chabola del suburbio, en los marginados, en los enfermos de SIDA, en los ancianos abandonados, en los ham-

brientos, en los drogadictos... Allí está Jesús con una presencia dramática y urgente, llamándonos desde lejos para que nos aproximemos» *(IP, 22).*

3. Cuestionario

1. Tras el estudio de la Palabra de Dios y la doctrina de la Iglesia, ¿qué características más importantes crees que debe tener una actitud cristiana ante la pobreza?
2. ¿Qué propósitos o compromisos contraemos como personas, como familia y como equipo para adoptar una actitud más cristiana y transmitirla a nuestros hijos y a nuestros ambientes?

4. Para la oración

1. Hacer una reflexión y oración personal sobre alguno o algunos de los textos citados. Compartir después en pareja y en el equipo.
2. Terminar la oración comunitaria con la siguiente plegaria:

«Recibe, Señor, nuestros miedos
y transfórmalos en confianza.
Recibe, Señor, nuestro sufrimiento
y transfórmalo en crecimiento.
Recibe, Señor, nuestro silencio
y transfórmalo en adoración.
Recibe, Señor, nuestras crisis
y transfórmalas en madurez.
Recibe, Señor, nuestras lágrimas
y transfórmalas en plegaria.
Recibe, Señor, nuestra ira
y transfórmala en intimidad.
Recibe, Señor, nuestro desánimo
y transfórmalo en fe.

Recibe, Señor, nuestra soledad
y transfórmala en contemplación.
Recibe, Señor, nuestras amarguras
y transfórmalas en paz del alma.
Recibe, Señor, nuestra espera
y transfórmala en esperanza.
Recibe, Señor, nuestra vida
y transfórmala en resurrección».

BIBLIOGRAFÍA

1. JUAN PABLO II, Carta Encíclica *Sollicitudo rei socialis* (1987).

2. CONFERENCIA EPISCOPAL ESPAÑOLA, *La caridad en la vida de la Iglesia* (1993).

3. COMISIÓN EPISCOPAL DE PASTORAL SOCIAL, *La Iglesia y los pobres* (1994).